21世纪立体化中等职业学校规划教材·物流系列

U0833106

运输作业实务

毕　超　郭运红　主　编
杨欣茹　李福烨　史　磊　副主编
李秀文　主　审

電子工業出版社
Publishing House of Electronics Industry
北京·BEIJING

内 容 简 介

本教材以任务为导向引领学生学习物流运输作业的重点、难点知识，以掌握实用技能为核心，引用了大量的真实情景，涵盖业务全面，以培养服务于企业的专业型人才。全书共分为13个学习项目，分别为物流运输、铁路整车运输业务、铁路零担运输业务、铁路集装箱运输业务、公路整车运输业务、公路零担运输业务、水路运输业务、航空货运业务、管道运输、特种货物运输业务、合同权利义务分析、集装箱运输组织与国际多式联运业务。

本教材可作为中等职业学校物流服务与管理、交通运输等相关专业的教学用书，也可以作为物流企业及运输从业人员的培训教材和参考书，还可以作为物流运输人员的自学用书。

图书在版编目（CIP）数据

运输作业实务／毕超，郭运红主编．--北京：电子工业出版社，2016.1
ISBN 978-7-121-27563-0

Ⅰ.①运… Ⅱ.①毕… ②郭… Ⅲ.①物流－货物运输－中等专业学校－教材 Ⅳ.①F252

中国版本图书馆CIP数据核字（2015）第269689号

策划编辑：陈　虹　黄园园
责任编辑：陈　虹　　　特约编辑：胡伟卷　苗丽敏
印　　刷：三河市华成印务有限公司
装　　订：三河市华成印务有限公司
出版发行：电子工业出版社
　　　　　北京市海淀区万寿路173信箱　邮编100036
开　　本：787×1 092　1/16　印张：12.25　字数：338千字
版　　次：2016年1月第1版
印　　次：2016年1月第1次印刷
印　　数：3 000册　定价：26.80元

凡所购买电子工业出版社图书有缺损问题，请向购买书店调换。若书店售缺，请与本社发行部联系，联系及邮购电话：（010）88254888。

质量投诉请发邮件至zlts@phei.com.cn，盗版侵权举报请发邮件至dbqq@phei.com.cn。

服务热线：（010）88258888。

前　言

当今科学技术发展日新月异，经济全球化趋势明显增强，给世界各国经济发展带来了前所未有的发展机遇。现代物流业作为现代经济的组成部分，在国民经济建设与社会发展中发挥着越来越重要的作用。发展现代物流产业对改善投资环境、优化资源配置、降低生产成本、提高经济效益、促进产业结构调整，具有十分重要的意义。

为了更好地适应我国物流业的职业教育和职业培训的要求，进一步培养高素质劳动者和技能型人才，特组织全国有关学校的一线教师、职业教育研究人员和物流行业专家，根据近年来物流行业的发展趋势，坚持“以服务为宗旨、以就业为导向”的国家职业教育办学方针，对本教材进行了规划和编写。

本教材具有如下特点。

第一，依据校企合作、工学结合的模式编写。在编写的过程中，始终注重把职业性、技能性、针对性和服务性相结合，把能否为培养学生综合职业能力服务，所培养的学生的职业能力能否与用人单位的岗位职业标准对接，作为衡量教材质量的唯一标准。

第二，内容和形式创新，体例清楚。本教材内容的设计和组织应用了“情境教学法”“任务驱动法”“项目教学法”等相关理念，以典型的工作任务和现场情境为核心，以各种运输方式的实际作业流程为主线，注重对实际操作技能的培养；以知识拓展为课外补充，将相关知识融会贯通，实现了理论与实践的结合。

第三，结构新颖，任务循序渐进。每个项目设置了任务描述、课前准备、任务实施、知识拓展和考核评价作为基础体系，再以知识链接和关键练习两部分对重难点知识加以巩固，穿插各种合同、单证、图片和表格等资料，激发学生的学习兴趣。本教材选取企业的真实案例和典型任务，内容安排遵循实际工作流程的逻辑步骤，脉络清楚，针对性强，符合职业教育的培养目标和学生的认知特点。

第四，方便实用，通用性强。本教材既可作为中等职业学校物流服务与管理、交通运输等相关专业的教学用书，也可全面兼顾物流从业人员教育和职业资格考试的需要，还可供广大青年、学生、再就业人员学习参考。

本教材由太原铁路机械学校的毕超、郭运红担任主编；广东省电子商务高级技工学校的杨欣茹、山东城市服务技术学院的李福烨、太原铁路机械学校的史磊担任副主编；山西穗华物流园有限公司高级物流师李秀文担任主审。另外，毕超负责整本书的统稿工作。具体编写分工为：学习项目 1、8、9、10、13 由毕超编写；学习项目 2 至学习项目 5 由郭运红编写；学习项目 12 由杨欣茹编写；学习项目 7 由杨欣茹和毕超共同编写；学习项目 6 由李福烨编写；学习项目 11 由史磊编写。

在本教材的编写过程中，借鉴和引用了许多企业的案例和资料，同时得到了物资与采购联合会等行业企业专家的指导，并参考了多位职教名师和学者论著，在此一并表示感谢。

由于编者水平有限，加之时间仓促，教材中疏漏之处在所难免，恳请读者批评指正，多提宝贵意见。

编　者

目　　录

学习项目1 物流运输

任务　物流运输认知

本任务涉及工作岗位	主对接工作岗位	★ 货运员
	参与工作岗位	★ 调度员 ★ 装卸员 ★ 物流信息服务人员
学习目标	知识目标	1. 了解货物运输的分类与功能； 2. 掌握5种运输方式的优缺点
	能力目标	1. 能够识别运输与配送、搬运作业的异同； 2. 会根据货物合理选择运输形式
	素养目标	1. 养成勤于思考的习惯，并培养及时发现问题、独立处理问题的能力； 2. 能在小组和组间进行交流，敢于表达自己的见解； 3. 有较强的书面和口头表达能力； 4. 有较强的知识检索能力

任务描述

山西传喜货运有限公司(以下简称“山西传喜”)是国内最早专业从事COD(Cash On Delivery，代收货款)物流服务的企业之一。经过多年发展，山西传喜积累了丰富的COD服务经验，形成了独特的COD运营体系，培养了一大批具有COD操作经验的管理人员，配送渠道全面覆盖了山西、北京等地。2015年8月，该公司新招货运业务员20名，准备对其进行培训。

根据所给信息完成以下活动。

活动一：学习货运员应具备的物流运输基础知识。

活动二：根据货物特点选择适宜的运输形式。

课前准备

1. 课前采访同学、朋友、老师：是否接触过物流运输？接触过哪些形式的运输服务？为什么要选择该种运输形式？运输的效果是否满意？

2. 课前利用教学资源库、教材、网络，或者到图书馆、书店查阅有关我国物流运输业的情况，有哪些知名的运输企业，了解运输企业招聘时重点看重物流人才应具备的知识和技能，反思在今后的学习和生活中应该怎样去做。

任务实施

活动一：学习货运员应具备的物流运输基础知识

知识链接

一、认识运输

运输是采用适当的运输工具使人和物品产生位置移动。物流运输是指物的载运及输送，它是在不同地域范围内，对物进行空间位移，以改变物的空间位置为目的的活动。运输作业与搬运作业不同，运输是在大范围内进行的货物位移，搬运是在同一区域小范围内进行的货物位移；运输作业与配送作业不同，运输是大运量、快速、长距离的干线货物运送，配送是在物品完成干线运输之后的终端物流活动，包括商业交易、分拣配货、送达服务等。

二、运输的分类

货物运输可按运输工具、运输线路、运输作用、运输协作方式等分类。

（一）按运输工具分类

按运输工具分，货物运输可分为公路运输、铁路运输、水路运输、航空运输和管道运输 5 种方式。

（二）按运输线路分类

按照运输线路可分为干线运输和支线运输。

1. 干线运输

干线运输是指利用铁路和公路的干线、大型船舶的固定航线进行长距离、大运量的运送，速度快、成本低，是运输的主体。

2. 支线运输

与干线运输相接的为支线运输。支线运输是干线运输与收、发货地点之间的补充性运输形式，路程较短，运量相对较小，速度较慢。

（三）按运输作用分类

按照运输作用可分为集货运输和配送运输。

1. 集货运输

集货运输是指将分散的货物通过支线运输汇集到一个大型的集货中心，然后进行干线快速运输。它是短距离、小批量、频繁的运输，是干线运输的补充形式。

2. 配送运输

配送运输是指将配送中心按客户订单要求已经配装的货物送达客户。它是短距离、小范围的运输，是物流的终端资源配置。

（四）按运输协作方式分类

按照运输协作方式可分为一般运输、联合运输和国际多式联运。

1. 一般运输

一般运输是指独立地采用不同运输工具或同类运输工具而没有协作关系的运输，如汽车运输、火车运输等。

2. 联合运输

联合运输是指使用同一运送凭证，由不同运输方式或不同运输企业进行有机衔接的货物运输,是利用各种运输方式的优势,充分发挥不同运输工具效率的运输形式。对用户来说,采用联合运输可以简化托运手续,方便用户,同时可以加快运输速度,有利于节省运费。

3. 国际多式联运

这是联合运输的一种现代运输形式。国际多式联运是在国际物流中将多种运输手段进行衔接,实现一张提单下的货物“门到门”运输。国际多式联运的核心是总承运人,由总承运人向托运人开立提单,以一张提单、单一费率、一次保险实现全程运输。

三、运输的功能

(一) 物品空间效用

运输实现物品空间位移的功能。任何物品从供应方到需求方实现其使用价值,都离不开运输。运输的目的就是以最低的成本,在合理的时间内,保质保量地完成物品从卖方向买方的转移。运输是物流最主要的实体功能。

(二) 物品短期储存效用

运输可以实现物品临时储存的功能。物品在中转运输过程中,需要较短时间的停顿。考虑到物品两次卸货与装货的成本及仓储的时间成本,不如将物品暂时存放在运输工具中,实现物品储存的作用。

关键练习

通过分组讨论的形式分享课前学习的收获、课内学习的心得,总结运输与物流的关系以及对运输的认识。

活动二:根据货物特点选择适宜的运输形式

知识链接

我国现行的交通运输体系由铁路运输、公路运输、水路运输、航空运输和管道运输构成。

(一) 铁路运输

铁路运输是使用铁路列车运送货物的一种运输方式。铁路运输主要承担长距离、大数量的货运,是在干线运输中起主力运输作用的运输形式,在没有水运条件地区,几乎所有大批量货物都是依靠铁路。

1. 铁路运输的特点

铁路运输最大的特点是适合长距离的大宗货物的集中运输,并且以集中整列为最佳,整车运输次之。其优点是运载量较大,速度快,连续性强,远距离运输费用低(经济里程在200千米以上),一般不受气候因素影响,准时性较强,安全系数较大,是营运最可靠的运输方式。

铁路运输的缺点是资本密集,固定资产庞大,设备不易维修等。对于运输管理来说,其缺点主要表现在营运缺乏弹性,货损较高。

2. 铁路运输的主要作业

根据铁路运输的特点,铁路运输主要适用于以下作业。

(1) 大宗低值货物的中长距离运输,也较适合散装货物(如煤炭、金属、矿石、谷物等)、罐装货物(如化工产品、石油产品等)。

(2) 适于大量货物一次高效率的运输。

(3) 对于运费负担能力小、货物批量大、运输距离长的货物运输来说,运费比较便宜。

（二）公路运输

公路运输是主要使用汽车，也使用其他车辆（如人、畜力车）在公路上进行货物运输的一种方式。它是我国货物运输的主要形式，在我国货运中所占的比重最大。同时，公路运输与铁路、水路运输联运，可以形成以公路运输为主体的全国货物运输网络。

1. 公路运输的特点

公路运输是影响面最为广泛的一种运输方式，其优势在于全程速度快，营运灵活。

公路运输的劣势主要表现在：载运量较小，效率低；长途运输成本较高（公路运输的经济半径一般在200千米以内），能耗大；环境污染比其他运输方式严重得多，易发生事故，等等。

2. 公路运输的主要作业

公路运输主要承担近距离、小批量的货运，水路、铁路运输难以到达地区的长途、大批量货运及铁路、水路难以发挥优势的短途运输。

（三）水路运输

水路运输是使用船舶运送货物的一种运输方式。水运主要承担大数量、长距离的运输，是在干线运输中起主力作用的运输形式。在内河及沿海，水运也常作为小型运输工具使用，担任补充及衔接大批量干线运输的任务。

1. 水路运输的特点

水路运输的特点是运输能力大，能源消耗低，航道投资省，不占用耕地面积，节约了国家的土地资源，并且能以最低的单位运输成本提供最大的运量，尤其是在运输大宗货物或散装货物时，采用专用的船舶运输，可以取得更好的技术经济效果。但是，水路运输也存在一些缺点，如船舶平均航速较低，所以货物运输速度较慢，港口的装卸搬运费用较高，故不适合短距离运输；航运和装卸作业受气候条件的影响较大，因而呈现较大的波动性及不平衡性，难以实现均衡生产。

2. 水路运输的主要作业

水路运输生产过程相当繁琐复杂，具有点多、线长、面广、分散流动、波动大等特征。它主要承担大数量、长距离的运输，是在干线运输中起主力作用的运输形式。

在物流运输体系中，根据水路运输的特点，它在运输中主要承担以下作业。

（1）承担大批量货物，特别是集装箱运输。

（2）承担原料、半成品等散装货物运输，如建材、石油、煤炭、矿石、谷物等。

（3）承担国际贸易运输，即远距离、运量大、不要求快速抵达的国际客货运输。

（四）航空运输

航空运输是使用飞机或其他航空器进行运输的一种形式。航空运输的单位成本很高，因此，主要适合运载的货物有两类：一类是价值高、运费承担能力很强的货物，如贵重设备的零部件、高档产品等；另一类是紧急需要的物资，如救灾抢险物资等。

1. 航空运输的特点

航空运输方式与其他运输方式相比，有这样几个方面的特征：高速直达性、经济特性良好；对运输货物包装要求较低；受气候条件限制，可达性差；载运量小。

2. 航空运输的主要作业

由于航空运输的这些特点，它在运输中主要承担以下任务。

（1）成为国际运输的重要工具。

（2）适于高附加值、低质量、小体积的物品运输。

（3）航空货运没有特定的商品，大多数航空货运是在紧急的情况下，而不是在日常的基础上处理的。

(4) 快捷运输途径。

(5) 邮政运输的手段。

(6) 实现多式联运的一种重要运输方式。

(五) 管道运输

管道运输是主要利用管道,通过一定的压力差而完成商品运输的一种现代运输方式。

1. 管道运输的特点

管道运输的优点有运量大,占地面少,建设周期短,费用低,运营费用低,安全可靠,连续性强,耗能低,成本低,效益好。

管道运输的缺点是灵活性差,当运输量降低较多并超出其合理运行范围时,其优越性难以发挥。因此,它只适用于定点、量大、单向的流体运输。

2. 管道运输的主要作业

管道运输的货物主要有油品(原油或成品油)、天然气、煤浆及其他矿浆。管道运输与其他运输方式的最主要区别在于管道设备是静止不动的。

想一想

你曾经参与过哪些运输形式?

关键练习

1. 从太原发往阳泉10吨不锈钢材,应选择哪种运输形式?
2. 从大同发往秦皇岛5 000吨煤炭,应选择哪种运输形式?
3. 从重庆运往南京1 000吨大米,应选择哪种运输形式?
4. 从深圳运往北京10 000部苹果手机,应选择哪种运输形式?
5. 从新疆运往上海10万立方米天然气,应选择哪种运输形式?

知识拓展

了解多种物流运输方式

1. 联合运输

联合运输(combined transport)是指一次委托,由两家以上运输企业或用两种以上运输方式共同将某一批物品运送到目的地的运输方式。它实行一次托运、一次收费、一票到底、全程负责,方式有公铁联运、公水联运、公航联运及公公联运等。

2. 直达运输

直达运输(through transport)是指物品由发运地到接受地,中途不需要换装和在储存场所停滞的一种运输方式。

3. 中转运输

中转运输(transfer transport)是指物品由生产地运达最终地,中途经过一次以上落地并换装的一种运输方式。

4. 甩挂运输

甩挂运输(drop and pull transport)是指用牵引车拖带挂车至目的地,将挂车甩下后,换上新的挂车运往另一个目的地的运输方式。

5. 集装运输

集装运输(containerized transport)是指使用集装器具或利用捆扎方法,把裸装物品、散粒物品、体积较小的成件物品,组合成为一定规格的集装单元进行的运输。

6. 整车运输

整车运输是指托运人一次托运货物的数量、性质、形状和体积在3吨以上的货物运输。

7. 零担运输

零担运输是指托运人一次托运货物量不足3吨的货物运输。

8. 集装箱运输

集装箱运输(container transport)是指以集装箱为单元进行货物运输的一种货运方式。

9. 复合一贯制运输

复合一贯制运输(combined transportation)是吸取铁路、汽车、船舶、飞机等所有运输方式的优点,把它们有机地复合起来,实行多环节、多区段、多工具相互衔接进行商品运输的一种方式。

10. 国际多式联运

国际多式联运(international multimodal transport)是在集装箱运输的基础上产生和发展起来的,是指按照多式联运合同,以至少两种不同的运输方式,由多式联运经营人将货物从一国境内的接管地点运至另一国境内指定交付地点的货物运输。

11. 国际货运代理

国际货运代理(international freight forwarding agent)是指国际货运代理组织接受进出口货物收货人、发货人的委托,以委托人或自己的名义,为委托人办理国际货物运输及相关业务,并收取劳务报酬的经济活动。

考核评价

一、自我评价

1. 自我考核

在表1-1中对比5种运输方式的主要优缺点。

表1-1 自我考核

运输形式	优 点	缺 点
铁路运输		
公路运输		
水路运输		
航空运输		
管道运输		

2. 学生自评

学生自评,详见表1-2,40分。

表 1-2 学生自评

序号	评价内容（每项 10 分）	得分	亮点
1	课前知识查阅、调研作业完成情况		
2	课前、课中与人沟通、协作表现		
3	课程重点知识掌握情况		
4	课前、课中学习、工作态度表现		

二、小组（同学）评价

小组（同学）评价，详见表 1-3，30 分。

表 1-3 小组（同学）评价

序号	评价内容（每项 10 分）	得分	亮点
1	课中学习、工作态度表现		
2	课中与人沟通、协作表现		
3	课程重点知识掌握情况		

三、教师评价

教师评价，详见表 1-4，30 分。

表 1-4 教师评价

序号	评价内容（每项 10 分）	得分	亮点
1	课前知识查阅、调研作业效果		
2	课中参与、协作情况		
3	掌握知识、技能效果		

学习项目2 铁路整车运输业务

任务2－1　铁路货物运输认知

本任务涉及工作岗位	主对接工作岗位	★ 铁路货运员
	参与工作岗位	★ 铁路货代
岗位工作职责	1. 能够独立接待托运人,正确签订铁路货物运输合同; 2. 根据实际情况,按需要准确地进行合同的变更与解除; 3. 能够妥善处理货物到站交付的业务; 4. 能够协调其他各岗位和有关部门共同完成运输任务	
学习目标	知识目标	1. 了解铁路货物运输的基本概况; 2. 了解铁路运输计划提报、审批; 3. 掌握铁路货物运输的优缺点
	能力目标	1. 能够正确识别铁路运输基本设施; 2. 能够掌握铁路运输的主要形式
	素养目标	1. 养成勤于思考的习惯,并培养及时发现问题、独立处理问题的能力; 2. 能在小组和组间进行交流,敢于表达自己的见解; 3. 有较强的书面和口头表达能力; 4. 有较强的知识检索能力

任务描述

从1825年世界上第一条公用铁路——斯托克顿至达林顿铁路在英国出现,揭开了铁路运输的序幕,距今已有近190年的历史。

自从英国修建了世界上第一条由蒸汽机车为牵引力的铁路以后,由于其显著的优越性,备受人们的青睐。在很短时间内,铁路运输得到了迅速的发展。

1. 铁路货物运输的优点

从技术性能上看,铁路货物运输的优点有:

(1) 运行速度快,时速一般为80～120千米;

(2) 运输能力大,一列货车可装2 000～3 500吨货物,重载列车可装20 000多吨货物;

(3) 铁路运输过程受自然条件限制较小,连续性强,能保证全年运行;

(4) 通用性能好,既可运客又可运各类不同的货物;

(5) 火车客货运输到发时间准确性较高;

(6) 火车运行比较平稳,安全可靠。

从经济指标上看,铁路运输的优点有:

(1) 铁路运输成本较低,1981 年我国铁路运输成本分别是汽车运输成本的 1/17～1/11,民航运输成本的 1/267～1/97;

(2) 能耗较低,每千吨千米耗标准燃料为汽车运输的 1/15～1/11,为民航运输的 1/174,但是这两种指标都高于沿海和内河运输。

2. 铁路运输的缺点

(1) 投资太高,单线铁路每千米造价为 1 000 万～3 000 万元,复线造价为 4 000 万～5 000 万元。

(2) 建设周期长,一条干线要建设 5～10 年,而且占地太多,随着人口的增长,将给社会增加更多的负担。

根据所给信息完成以下活动。

活动一:了解我国铁路运输的目前地位。

活动二:了解铁路运输基本设施和形式。

课前准备

1. 课前要求学生采访同学、朋友、老师,询问是否了解铁路运输。
2. 课前利用教学资源库、教材、网络或到图书馆、书店,查阅有关我国铁路运输业的情况。

任务实施

活动一:了解我国铁路运输的目前地位

知识链接

我国铁路运输的地位和现状如下。

中国铁路以占世界铁路 6% 的营业里程,完成了世界铁路 24% 的运输量,铁路平均运输密度居世界第一;中国铁路现有营业里程 9.8 万千米,发送货物 38.92 亿吨,货物发送量指标居世界第一;开行国际集装箱专列,全程达 9 750 千米。目前,中国铁路大力发展铁路集装箱、冷藏、特种货物及多式联运等运输服务品类,组织开行时速 120 千米的货运快车,进一步优化运输组织,进行"智能化"铁路管理,加快客流、物流、资金流和信息流的流动,满足现代物流对快捷运输的需求。

据了解,从现在起到 2020 年,中国铁路总公司将逐步在省会城市及大中城市间,建设 1.2 万千米客运专线,客车速度目标值达到每小时 200 千米及以上;完善中东部铁路网结构,扩大西部铁路网规模,规划建设 1.6 万千米新线;加强既有铁路网技术改造和枢纽建设,建设大能力煤运通道,增建 1.3 万千米既有线二线,既有线电气化 1.6 万千米。到 2020 年,全国铁路营业里程将达到 12 万千米,主要繁忙干线将实现客货分线,复线率和电气化率均达到 50%。目前,由中国铁路组建的中铁集装箱运输、中铁特货运输、中铁行包快递三大专业公司,作为新的市场主体,已跻身物流领域,进入中国现代物流企业 30 强行列。为进一步加快完善物流服务功能,中国铁路还将建设大型集装箱场站18个,以促进集装箱运输和多式联运的发展。目前,上海、昆明等地的建设已启动,建成后将组织开行场站间的集装箱直达列车,形成适应现代物流要求的新型运输组织模式。

关键练习

通过分组讨论的形式分享课前学习的收获、课内学习的心得,总结阐述铁路运输为何在我国还要大力发展。

活动二:了解铁路运输基本设施和形式

知识链接

一、铁路运输基本设施

（一）线路

铁路线路是机车车辆和列车运行的基础。铁路线路是由路基、桥隧建筑物和轨道组成的一个整体的工程结构。

铁路线路应当经常保持完好状态,使列车能按规定的最高速度安全、平稳和不间断地运行,以保证铁路运输部门能够质量良好地完成货物运输任务。

（二）机车

铁路机车的分类大致以运用和牵引动力来划分。从运用上分,可分为客运机车、货运机车和调车机车。

货运机车当然是用来牵引货车的。我国除了重载列车外,一般的货运列车编组为60节,载重量约为3 500吨。显然,货运机车的牵引力要比客运机车大得多,但速度没有客运机车那么快。

调车机车主要在车站完成车辆转线及货场取送、车辆编组等各项调车作业,它的特点是低速牵引力好,车身较短,能通过较小的轨道半径,而速度相对要求不高。

机车按牵引动力来划分,目前有内燃机车和电力机车(见图2-1)。

(a) 内燃机车　　　　(b) 电动机车

图2-1　内燃机车和电力机车

（三）车辆

铁路车辆是运送旅客和货物的工具,它本身没有动力装置,需要把车辆连挂在一起由机车牵引,才能在线路上运行。铁路车辆可分为客车和货车两大类。铁路货车的种类很多,介绍如下。

1. 根据用途或车型分类

根据用途或车型可分为通用货车和专用货车两大类。

(1) 通用货车。通用货车分为棚车、敞车和平车3类。

① 棚车(P)(见图2-2)。棚车车体由端墙、侧墙、棚顶、地板、门窗等部分组成,用于运送比较贵重和怕潮湿的货物。

图2-2　棚车

② 敞车(C)(见图2-3)。敞车仅有端、侧墙和地板,主要装运不怕湿损的散装或包装货物,必要时也可以加盖篷布装运怕潮湿的货物。因此,敞车是一种通用性较强的货车,灵活性较大。

图2-3　敞车

③ 平车(N)(见图2-4)。大部分平车车体只有一平底板。部分平车装有很低的侧墙和端墙,并且能够翻倒,适合装载重量、体积或长度较大的货物。也有将车体做成下弯的凹底平车或一部分不装地板的落下孔车,供装运特殊长大重型货物,因而也称作长大货物车。

图2-4 平车

（2）专用货车。专用货车是专供装运某些指定种类货物的车辆。

① 保温车(B)(见图2-5)。车体与棚车相似,但其墙板由两层壁板构成,壁板间用绝缘材料填充,以减少外界气温的影响。目前我国以成列或成组使用的机械保温车为多,车内装有制冷设备,可自动控制车内温度。保温车主要用于运送新鲜蔬菜、鱼、肉等易腐货物。

图2-5 保温车

② 罐车(G)(见图2-6)。车体为圆筒形,罐体上设有装卸口。为保证液体货物运送时的安全,还设有空气包和安全阀等设备。罐车主要用来运送液化石油气、汽油、盐酸、酒精等液态货物及散装水泥等。

图2-6 罐车

③ 家畜车(J)(见图2-7)。家畜车主要是指运送活家禽、家畜等的专用车。车内有给水、饲料的储存装置,还有押运人乘坐的设施。

图2-7　家畜车

专用货车还有煤车、矿石车、矿砂车等。

2. 根据载重量分类

我国的货车可分为20吨以下、25～40吨、50吨、60吨、65吨、75吨、90吨等各种不同的车辆。为适应我国货物运量大的客观需要,有利于多装快运和降低货运成本,我国目前以制造60吨车为主。

3. 根据制作材料分类

钢骨车车底架及梁柱等主要受力部分用钢材,其他部分用木材制成,因而自重轻、成本低。全钢车坚固耐用、检修费用低,适合于高速运行。低合金耐候钢材,更能满足重载、高速要求。

此外,还有用铝合金、玻璃钢等材料制作的货车。

二、铁路货物运输形式

铁路货物运输形式即铁路货物运输种类,按我国铁路技术条件,现行的铁路货物运输种类分为整车、零担、集装箱3种。

(一) 整车运输

整车运输适于运输大宗货物。整车货物运输的基本条件是:一批货物的重量、体积、状态需要以一辆以上货车运送的货物,应按整车办理。

(二) 零担运输

零担运输适于运输小批量的零星货物。零担货物运输的基本条件是:按货物的重量、体积、状态不需要以一辆单独货车运送,而且允许同其他货物配装的货物,可以按零担办理。

(三) 集装箱运输

集装箱适于运输精密、贵重、易损的货物。集装箱货物运输的基本条件是:凡能装入集装箱,并且不对集装箱造成损坏和污染的货物及可按集装箱运输的危险货物均可按集装箱办理。

(四) 铁路货物保价运输

保价就是货物的保证价值,即声明价格。保价运输是铁路货物运输合同的组成部分,是铁路实行限额赔偿后,保证托运人、承运人双方利益对等,在法律上赋予托运人的一种权利。托运人在托运货物时,根据自愿的原则可以要求办理保价运输,交纳规定的保价费。在运输过程中,承运人对保价货物实行专门管理和采取一定的保护措施,因承运人责任造成货物损失时,要按保价运输的有关规定予以赔偿。

关键练习

通过分组讨论的形式，借助网络了解我国和欧美等国家铁路运输的发展情况。

知识拓展

我国铁路重载运输发展概况

在相当长的一段时间里，中国铁路运输能力严重不足，主要技术装备总体水平不高，运能与运量不相适应的矛盾十分突出，严重制约了国民经济的发展。从20世纪80年代起，特别是党的十六大以来，中国铁路为扭转运输紧张和滞后的被动局面，瞄准世界铁路科技发展前沿，学习和借鉴国外经验，根据中国铁路运营特点和实际需要，在货物运输方面以发展重载运输作为主攻方向，以研究和采取开行不同类型的重载列车运输方式为铁路扩能、提效的重要手段。目前中国铁路重载技术水平得到了很大提高，已跻身世界先进行列。回顾中国铁路重载运输的发展，大致经历了4个阶段，并相应开行了3种模式的重载列车。

1. 第一阶段(1984—1986年)：改造既有线、开行重载组合列车

1984年，原铁道部成立了重载组合列车开行试验领导小组，具体领导和组织重载组合列车的开行工作。为尽快扩大雁北地区煤炭运输能力，首先选择了晋煤外运的北通道——丰沙大线作为试点。

2. 第二阶段(1985—1992年)：新建大秦铁路、开行重载单元列车

为了促进山西煤炭能源基地的开发和建设，增加晋煤的外运通道，扩大“三北”地区煤炭运输的能力，20世纪80年代中期至90年代初，中国修建了第一条大(同)秦(皇岛)双线电气化重载运煤专线。

大秦铁路是借鉴美国、加拿大、澳大利亚等国开行重载单元列车的经验，由中国自行设计和建设的第一条双线电气化重载运煤专线，全长653千米。建成初期开行重载单元列车。1990年6月，在大秦铁路上进行了10次万吨列车试验。试验列车由两台SS3型电力机车牵引、120辆煤车组成，全长1 630米。以后每月运行几趟万吨列车。由于当时的技术条件不够完善，万吨列车出现过断钩现象，实际运营列车质量基本为5 000～6 000吨。从1992年全线开通到2002年，大秦铁路用了10年的时间达到了1亿吨年运量的目标。

3. 第三阶段(1992—2002年)：改造繁忙干线、开行5 000吨级重载混编列车

为缓解京沪、京广、京哈等繁忙干线的运输紧张状况，原铁道部决定，从1992年起通过调整机车类型和延长车站到发线有效长至1 050米，开行5 000吨级重载混编列车。1992年8月，先后在京沪线徐州北—南京东、京广线石家庄—郑州北间进行试验，成功开行了总重5 134吨(2台ND5型内燃机车牵引)和5119吨(2台北京型内燃机车牵引)的重载混编列车。从1993年4月1日起，在京沪、京广线一些区段开行的5 000吨重载列车正式纳入列车运行图。此后，经过实际运行试验，在1997年4月1日实施的运行图中，京哈线也安排开行了5 000吨重载列车固定运行线。至此，中国铁路三大主要繁忙干线都开行了5 000吨级重载混编列车。

4. 第四阶段(2003—至今)：大秦铁路开行2万吨、提速繁忙干线开行5 500～5 800吨

2003年，原铁道部根据国民经济发展的需求，做出了大幅度提高大秦铁路运输能力的决定。经过2年多的科学论证与试验，通过系统集成创新，于2006年3月28日在大秦路正式开行了2万吨重载组合列车，大幅度提高了大秦铁路的运输能力，使中国铁路重载运输技术水平跨入了世界先进行列。2万吨重载组合列车的开行，使大秦铁路仅用了4年时间就实现了年运

量从2002年的1亿吨到2007年的3亿吨的飞跃，创造了世界重载铁路年运量的世界纪录。2014年大秦铁路3万吨组合列车运行试验顺利完成。3万吨列车由4台机车牵引，总编组320辆，总长3 971米。这次试验取得成功，开辟了我国铁路重载运输新纪元，是世界重载铁路发展史的一个重要里程碑。

中国铁路在不断提高大秦铁路运输能力的同时，也不断提高繁忙列车的牵引重量。2007年4月18日，全国铁路第六次大面积提速后，京沪、京广、京哈等繁忙干线将重载列车牵引吨数由5 000吨提升到了5 500～5 800吨，进一步提高了繁忙干线的运输能力。

任务2－2　铁路整车运输服务订单提报、审定与铁路货物运单填制

<table>
<tr><td rowspan="2">本任务涉及工作岗位</td><td colspan="2">主对接工作岗位</td><td>★ 铁路货运员</td></tr>
<tr><td colspan="2">参与工作岗位</td><td>★ 货运核算员</td></tr>
<tr><td rowspan="3">岗位工作关系</td><td colspan="2">紧前工序</td><td>受理托运前的准备工作</td></tr>
<tr><td colspan="2">平行工序</td><td>接洽客户</td></tr>
<tr><td colspan="2">紧后工序</td><td>装车作业</td></tr>
<tr><td>岗位工作职责</td><td colspan="3">1. 上岗前保持精神饱满，端庄大方；
2. 接受客户信息时要认真、详细、礼貌；
3. 要求建立客户档案，并保持良好的客情关系；
4. 与客户签订铁路运输合同；
5. 能够按照客户提供的信息填制运单；
6. 填制单证时要认真、准确，杜绝错填、漏填；
7. 完成上级领导交给的其他工作任务</td></tr>
<tr><td rowspan="3">学习目标</td><td>知识目标</td><td colspan="2">1. 识读铁路托运单；
2. 掌握铁路运单的填制要求</td></tr>
<tr><td>能力目标</td><td colspan="2">1. 能够办理铁路托运业务；
2. 能够正确填写铁路运单</td></tr>
<tr><td>素养目标</td><td colspan="2">1. 养成负责任的工作态度，认真细致的工作作风；
2. 养成自主学习的习惯，培养及时发现问题、独立处理问题的能力；
3. 与客户沟通时有较强的语言表达能力；
4. 能与小组成员协作完成工作</td></tr>
</table>

任务描述

哈尔滨汽车配件储运公司2015年2月20日在哈尔滨东站托运到新乡站汽车维修一厂配件2 500件，重60吨，木箱包装，保价50万元。用车号3464568 P_{64}装运，请填写运单。（运价里程1 289千米）

根据所给信息完成以下活动。

活动一：掌握铁路整车运输服务订单的提报，熟悉审定过程。

活动二：按照所给信息正确完成铁路货物运单的填制。

课前准备

课前利用教学资源库、教材、网络或到图书馆、书店，查阅有关铁路运输受理托运的流程及基本要求等知识。

任务实施

活动一：掌握铁路整车运输服务订单的提报，熟悉审定过程

知识链接

铁路货物运输是计划运输，铁路部门根据各铁路局建议和当前运输能力、运输完成情况及各项客观因素，每月下旬下达各铁路局次月货运任务和运输生产技术指标。铁路部门还可根据当前运输市场变化随时调整运输计划。铁路局根据铁路部门下达的指标做相应分配和安排。

办理整车货物（包括以整车形式运输的集装箱）运输时，托运人填写铁路整车货物运输服务订单（见表2－1）一式两份提报铁路部门，与铁路联网的托运人，可通过网络直接向铁路提报。

表2－1　铁路货物运输服务订单（整车）

________年______月份

<table>
<tr><td rowspan="2">提表时间：　　年　月　日
要求运输时间：　　日至　　日
受理号码：</td><td>发站</td><td>名称　　　　　　　　略号</td></tr>
<tr><td>发货单位盖章</td><td>省/部名称________________代号________
发货单位名称______________代号________
地址______________________电话________</td></tr>
</table>

<table>
<tr><td rowspan="3">顺号</td><td colspan="3">到局：　　代号：</td><td colspan="4">收货单位</td><td colspan="3">货物</td><td rowspan="3">车种代号</td><td rowspan="3">车数</td><td rowspan="3">特征代码</td><td rowspan="3">换装港</td><td rowspan="3">终到港</td><td rowspan="3">报价</td><td rowspan="3">备注</td></tr>
<tr><td rowspan="2">到站</td><td rowspan="2">到站电报略号</td><td rowspan="2">专用线名称</td><td colspan="2">省/部</td><td rowspan="2">名称</td><td rowspan="2">代号</td><td colspan="2">品名</td><td rowspan="2">吨位</td></tr>
<tr><td>名称</td><td>代号</td><td>名称</td><td>代码</td></tr>
<tr><td></td><td></td><td></td><td></td><td></td><td></td><td></td><td></td><td></td><td></td><td></td><td></td><td></td><td></td><td></td><td></td><td></td><td></td></tr>
<tr><td></td><td></td><td></td><td></td><td></td><td></td><td></td><td></td><td></td><td></td><td></td><td></td><td></td><td></td><td></td><td></td><td></td><td></td></tr>
<tr><td></td><td></td><td></td><td></td><td></td><td></td><td></td><td></td><td></td><td></td><td></td><td></td><td></td><td></td><td></td><td></td><td></td><td></td></tr>
<tr><td colspan="8">供托运人自愿选择的服务项目（由托运人填写，需要的项目打“√”）
□1. 发送综合服务　　□5. 清运、消纳垃圾
□2. 到达综合服务　　□6. 代购、代加工装载加固材料
□3. 仓储保管　　□7. 代对货物进行包装
□4. 篷布服务　　□8. 代办一关三检</td><td colspan="5">说明或其他要求事项

□保价运输</td><td colspan="5">承运人签章

年　月　日</td></tr>
</table>

托运人应于每月19日前向铁路提报次月集中审定的订单，其他订单可以随时提报。

一、订单的受理与核实

车站货运计划人员应随时受理并认真核实订单。核实内容主要包括车站办理营业限制，托运人全称与印章是否一致，应填写的特征代码是否正确、齐全，车种、品名是否相符，货物品名是

否规范，车数与重量、体积是否匹配，托运的货物是否违反政令限制，货源是否与提报订单的车数相符，填写内容是否齐全等。对托运人虚报、错报的，车站不予受理。

二、订单的审定

订单审定是货运计划部门根据托运人的需求和铁路运输能力，对原报订单进行审定的过程。凡经铁路运输的整车和以整车形式运输的集装箱必须经过订单审定，具有批准的计划号。

（一）订单的审定方式

订单审定方式分为集中审定、随时审定、立即审定和自动审定。

集中审定是指为编制次月月编计划，对每月19日前提报的次月订单进行定期审定。

随时审定是指对未列入月编计划的订单，进行随时受理随时审定。

立即审定是指对抢险救灾等必须迅速运输的特殊物资，根据受理人员输入的特定标志，由计算机系统立即赋予审定号码。

自动审定是指在审定权限内，按去向、车种、车数和品类等内容组合设置自动审定条件，由计算机系统自动赋予审定号码。

（二）订单的审定权限

审定权限为中国铁路总公司、铁路局两级管理。

国际联运、水陆联运和到港货物运输及国家指定的重点物资运输的订单，由中国铁路总公司审定，其余由铁路局审定。

关键练习

1. 通过角色扮演，模拟客户和货运计划员提报运输订单。
2. 对订单的主要内容进行描述。
3. 描述审定订单的具体形式。

活动二：按照所给信息完成铁路货物运单的填制

知识链接

一、铁路货物运单

托运人办理整车运输托运货物时除了要与铁路企业签订运输服务订单以外，还应按批递交铁路货物运单（见表2-2）。

货物运单是托运人与承运人之间，为运输货物而签订的一种运输合同。它是确定托运人、承运人、收货人之间在运输过程中的权利、义务和责任的原始依据。货物运单既是托运人向承运人托运货物的申请书，也是承运人承运货物和核收运费、填写货票及编制记录和备查的依据。

表2-2　铁路货物运单

××铁路局

货物运单

货物指定于　月　日搬入

货　位：

计划号码或运输号码：

运到期限：　日　　　　托运人→发站→到站→收货人　　　　货票第　　号

承运人/托运人装车
承运人/托运人施封

托运人填写					承运人填写				
发站		到站(局)			车种车号			货车标重	
到站所属省(市)自治区					施封号码				
托运人	名称		托运人邮政编码		经由	铁路货车篷布号码			
	住址		电话						
收货人	名称		收货人邮政编码		运价里程	集装箱号码			
	住址		电话						
货物名称	件数	包装	货物价格	托运人确定重量	承运人确定重量	计费重量	运价号	运价率	运费
合计									
托运人记载事项					承运人记载事项				
注:本单不作为收款凭证。托运人签约须知见背面			托运人盖章或签字 年　月　日		到站交付日期		发站承运日期		

领货凭证		
车种及车号		
货票第　　号		
运到期限　　日		
发站		
到站		
托运人		
收货人		
货物名称	件数	重量
托运人盖章或签字		
发站承运日期		
注:收货人领货须知见背面		

(1) 货物运单由两部分组成,左边为货物运单,右边为领货凭证。货物运单中粗线左侧"托运人填写"部分和领货凭证各栏由托运人填写,右侧各栏由承运人填写。

(2) 快运的货物运单,上端居中的票据名称冠以"快运货物运单"字样。

(3) 危险货物中剧毒品使用剧毒品专用货物运单,上端居中的票据名称冠以"货物运单(剧毒品运输专用)"字样,运单中央以底网形式印刷骷髅图案。

运单颜色有：白底黑色印刷，适用于现付；白底红字印刷，适用于到付和后付；黄色纸张印刷，适用于剧毒品专用。

二、货物运单填制要求

托、承双方在填写时均应对货物运单所填记的内容负责，并按照《铁路货物运输规程》的要求，做到正确、完备、真实、详细、清楚。运单填写各栏有更改时，在更改处，属于托运人填记事项，应由托运人盖章证明；属于承运人记载事项，应由车站加盖站名戳记。承运人对托运人填记事项一般不得更改。

关键练习

描述托运单填制的具体要求。

知识拓展

货物运单背面托运人须知

（一）托运人办理货物运输，应在运单中向承运人准确表明收货人的名称或姓名，货物的名称、性质、重量、数量和到站名称，并对其真实性负责。

（二）托运人应按照货物运输合同约定的时间和要求，向承运人交付托运的货物，并向承运人交付规定的运输费用。

（三）货物运输需要办理审批、检验等手续的，托运人应将办理完有关手续的文件提交承运人。

（四）托运人在托运货物时，不得在普通货物中夹带危险货物。

（五）在运输途中需要特殊照料的货物，托运人须派人押运。

（六）托运人持货物运单向承运人托运货物时，应遵守铁路货物运输的有关规定。

（七）托运人应及时将领货凭证寄交收货人，凭此联系到站领取货物。

领货凭证背面收货人须知

（一）托运人应及时将领货凭证寄交收货人。收货人接到领货凭证后，及时向到站领取货物。

（二）收货人领取货物已超过免费暂存期限时，应按规定支付货物暂存费。

（三）收货人在到站领取货物，如遇货物未到时，应要求到站在本证背面加盖车站日期戳证明货物未到。

任务2－3 铁路整车货物发运

本任务涉及工作岗位	主对接工作岗位		★ 货运员
	参与工作岗位		★ 装卸工
岗位工作关系	紧前工序		受理托运
	平行工序		到货通知
	紧后工序		到达交付
岗位工作职责	1. 协助落实货场的作业规范和管理制度； 2. 合理使用货场货位和搬运设施，并对其进行适当的维护； 3. 协助进行有关货损货差等异常情况的调查、原因分析、责任落实和改进措施的落实； 4. 组织正确、安全地执行货物装卸、搬运、堆码与保护等作业指令； 5. 负责装完货后向货运核算员转交相关单据； 6. 加强装卸组织工作，严防装卸事故的发生		
学习目标	知识目标	1. 了解装车前准备作业的内容； 2. 了解装车作业的要求； 3. 识读铁路货运记录单	
	能力目标	1. 能够正确填写铁路货运记录单； 2. 能够按规定完成装车作业	
	素养目标	1. 养成严谨、认真、细致的工作态度； 2. 养成自主学习的习惯，并培养及时发现问题、独立处理问题的能力； 3. 树立安全第一、预防为主的安全生产意识； 4. 能与小组成员协作完成工作	

任务描述

哈尔滨汽车配件储运公司2015年2月20日在哈尔滨东站托运到新乡站汽车维修一厂配件2 500件，重60吨，木箱包装，保价50万元，用车号3464568 P_{64}装运，施封锁两枚（060056、060057）。

根据所给信息完成以下活动。

活动一：掌握整车发运的条件。

活动二：熟悉整车发运的程序。

课前准备

课前利用教学资源库、教材、网络或到图书馆、书店，查阅有关铁路在装卸货物时的具体操作要求和规范，了解装卸作业的流程。

任务实施

活动一:掌握整车发运的条件

知识链接

一、整车发运的条件

铁路整车运输货物,必须符合下列条件。

(1) 一批货物的重量为30吨及以上。

(2) 一批货物体积为64立方米及以上或体积形状需一辆30吨以上货车运输时。

(3) 需要冷藏、保温或加温运输的货物。

(4) 规定限按整车办理的危险货物。

(5) 易于污染其他货物的污秽品。

(6) 蜜蜂。

(7) 不易计算件数的货物。

(8) 未装容器的活动物。

(9) 一件货物重量超过2吨,体积超过3立方米或长度超过9米的货物(经发站确认不影响中转站和到站装卸作业的)。

二、整车发运的种类

(一) 单一整车

单一整车是指一个发站,由一个托运人将一批整车货物运到一个到站,由一个收货人收货。其特点为“5个同一”,即同一发站、同一到站、同一品种、同一托运人、同一收货人。

(二) 分卸整车

分卸整车是指同一托运人,将同一路径且在一个铁路运输区段内的二三个到站的货物,装在一辆货车内,由铁路按不同到站分别卸车交付不同收货人。这种发运方式须按最远里程计费。整车分卸的条件如下。

(1) 必须是按整车办理而其数量又不足一车的货物。

(2) 二三个到站在同一路径上,而且在站内卸货。

(3) 除派人押运外,须在每件单元货物上拴挂标记。

(4) 采用整车分卸形式托运,应在月份要车计划表中提出,或托运时向车站提出。

按整车分卸办理,托运人须提交基本货物运单一份,填写最后到站、收货人、全部货物名称、件数和重量,并将最后到站和分卸站应卸货物的名称、重量、件数注明在“托运人记载事项”栏内,同时给每一分卸站提供两份分卸运单。

(三) 快运整车

快运整车是铁路局按《快运货物运输办法》办理的快速运输,也属整车货物运输的一种形式。除不宜按快运办理的煤、焦炭、矿石、矿建等品类的货物外,托运人要求快速运输时,经铁路局同意即可办理快运。

采用快运整车发运,提报月份要车计划表时,需用红笔注明“快运”,托运时在货物运单上加盖“快运”戳记。铁路局除核收整车运杂费外,还另核收快运费。

关键练习

小组讨论进行整车发运的条件。

活动二:熟悉整车发运的程序

知识链接

整车发运作业程序如下。

一、托运

托运人根据批准的订单,以货物运单向承运人提出货物运输要求,并向承运人交运货物称为货物的托运。

二、受理

车站对托运人提出的货物运单,经审查符合运输要求,在货物运单上签订货物搬入或装车日期后,即为受理。

三、进货

托运人凭车站签证后的货物运单,按指定日期将货物搬入货场指定位置即为进货。

四、验收

货场门卫人员和线路货运员对搬入货场的货物进行有关事项的检查核对,确认符合运输要求并同意货物进入场、库指定货位称为验收。

五、保管

托运人将货物搬入车站,经验收完毕后,一般不能立即装车,须在货场存放,这就产生了保管的问题。整车货物可根据协议进行保管。

六、装车

装车作业是铁路货物运输工作的一个重要环节。装车质量直接影响到货物安全、货物运输速度、车辆周转时间及列车运行安全。

货物装车或卸车的组织工作,在车站公共装卸场所内由承运人负责,在其他场所均由托运人或收货人负责。货物的装车应做到安全、迅速、满载,这是对装车作业的基本要求。

七、施封

原则上是由组织装车(或装箱)单位在车(或集装箱)上施封。

八、货物承运

整车货物装车完毕并核收运费后,发站在货物运单上加盖车站日期戳时起,即为承运。

关键练习

正确描述铁路整车运输的作业程序,并能根据所给信息通过角色扮演完成货物承运。

知识拓展

中国铁路货车发展简史

1957 年,新中国第一个自主设计的 P13 型棚车在齐齐哈尔诞生和载重 30 吨货车在中国全面停产,标志着中国铁路货车实现了载重由 30 吨级向 50 吨级的第一次升级换代。

1978 年，载重 60 吨 C62A 型敞车在齐齐哈尔落成和载重 50 吨级货车在中国全面停产，标志着中国铁路货车实现了载重由 50 吨级向 60 吨级的第二次大的升级换代。

2005 年，C70 型敞车等载重 70 吨级货车研制成功和载重 60 吨级货车在中国全面停产，标志着中国铁路货车实现了载重由 60 吨级向 70 吨级、时速由 70～80 千米向 120 千米的第三次大的升级换代。

近年来，我国引进了美国铝合金技术和 F 型车钩技术，研制开发了载重 80 吨级 C80 型铝合金、C80B 型不锈钢运煤敞车，满足了大秦线开行 2 万吨及以上重载组合列车的运输要求。

任务 2-4 铁路货物接运和货运事故等级划分

本任务涉及工作岗位	主对接工作岗位	★ 货运员
	参与工作岗位	★ 货运值班员
岗位工作关系	紧前工序	途中作业
	平行工序	领货凭证寄交
	紧后工序	货物交付
岗位工作职责	1. 熟悉具体操作程序； 2. 出现问题能独立按程序操作； 3. 了解货运事故种类和等级划分标准； 4. 能独立编制货运记录、普通记录	
学习目标	知识目标	1. 了解货运事故种类、等级； 2. 掌握货物接运基本程序
	能力目标	1. 能根据各种实际情况完成货物接运； 2. 能够根据程序完成各种事故处理
	素养目标	1. 养成面对单调、繁杂的工作时所需的严谨、认真、细致的工作态度； 2. 养成自主学习的习惯，培养及时发现问题、独立处理问题的能力； 3. 养成遵章守纪、严于律己的工作作风； 4. 能与小组成员协作完成工作

任务描述

哈尔滨汽车配件储运公司 2015 年 2 月 20 日在哈尔滨东站托运到新乡站汽车维修一厂配件 2 500 件，重 60 吨，木箱包装，保价 50 万元，用车号 3464568 P_{64}装运，施封锁两枚(060056、060057)。

该车到达新乡站后，货运员发现列车右侧无封，车门打开 500 毫米左右，可见表层货物凌乱，车容不整，有被盗痕迹，后经与铁路公安、收货人共同检查，丢失货物价值 10 万元。

根据所给信息完成以下活动。

活动一：阐述货物接运的基本程序。

活动二：阐述事故种类、等级。

课前准备

课前利用教学资源库、教材、网络或到图书馆、书店，查阅有关铁路货物接运的相关知识和各种货运事故信息并做好记录。

任务实施

活动一：阐述货物接运的基本程序

知识链接

一、铁路货物接运的概念

铁路货物接运是指收货人向铁路运输部门接收经过铁路运输的货物。它的主要任务是及时、准确地接收到站（或专用线）的货物，手续要齐全，责任要分明。

二、铁路货物接运的要求

（1）收货人在收到到货通知后，应及时组织有关人员提货。

（2）收货人未按规定期限及时领取货物的，应向承运人支付逾期保管费。

（3）对超过30天不领取的货物，按无主货物处理。

三、铁路货物接运的形式

经过铁路运输到达的货物主要有以下两种形式。

（一）到车站提货

（1）提货前，做好提货准备。

（2）提货时，对照装运清单与实物认真检查核对，做好记录。

（3）提货中，遵守操作规程，保护作业人员、货物、设施的安全。

（4）提货后，与承运人办好交接手续。

（二）专用线接车

（1）根据铁路预报，做好接车准备。

（2）车皮到达后，引导对位。

（3）认真检查车体状况，做好记录。

（4）指挥卸车，不得压车压线。

（5）卸车后，与承运人办好交接手续。

上述两种方式到达的货物环节多，运输时间长，问题相对较多。

四、货物到达提领

（一）货物到达查询

托运人应及时将领货凭证寄交收货人，收货人对领货凭证应妥善保管。收货人接到领货凭证后，及时向到站联系领取货物。收货人在到站联系领取货物或通过电脑查询货物未到时，应要求到站出具货物未到证明书。

（二）到货领取

凡在铁路货场领取货物须凭领货凭证。收货人为个人的，须凭本人证件（户口簿或身份证)；收货人为单位的，须有单位出具所领货物和领货人姓名的证明文件及领货人本人身份证。不能提交领货凭证的，个人必须持收货人所在单位开具提货证明和收货人的证件；单位持本单位证明文件，证明文件上必须详细说明发站、票号、托运人、品名、件数、重量，并附本单位营业执照副本复印件。委托他人代领时，代领人须携带领货凭证和证明委托的介绍信及代领人本人身份证。

(三) 免费保管期

到达铁路车站的货物，可以在铁路车站免费存放48小时。免费存放期限自铁路车站发出到货催领通知的次日(或卸车的次日)零点起计算。

(四) 暂存费

收货人领取货物已超过免费暂存期限时，应按规定支付货物暂存费。

(五) 无主货

从承运人发出催领通知次日起(不能实行催领通知时，从卸车完了的次日起)，经过查找，满30日(搬家货物满60日)仍无人领取的货物或收货人拒领，托运人又未按规定期限提出处理意见的货物，承运人可按无法交付货物处理。

五、普通记录和货运记录

(一) 普通记录

在接运物资的过程中，若发现捆扎件散乱，包装物损坏，裸状物资变形、损伤，物资丢失、被盗，车体状况有异常情况时，向到站索取普通记录(见表2-3)，以便划清责任。

表2-3　普通记录

___铁路局

第___次列车在___站与___站间 ※
发站___发局___托运人___
到站___到局___收货人___
货票号码___车种车型___车号___
货物名称___
于___年___月___日___时___分第___次列车到达

发生的事实情况或车辆技术状态：

厂修			
段修			
辅检		轴检	

参加人员：姓名
车站
列车段　　　　单位戳记
车辆段
其他　　　　年　月　日

注：1. 本记录一式两份，一份存查。
2. 编号由填发单位自行编排掌握，一份交有关单位。
3. 如换装整理或其他需要调查时，应作抄件送查责任单位。
4. ※表示车长在列车内编制时填写。

(二) 货运记录

做好普通记录后，收货人必须会同车站一起分析事故原因，如果确认事故是由承运部门造成的，而且需要承运部门赔偿，要向到站索取货运记录(见表2-4)，作为赔偿的依据。

表 2-4 货运记录 No.

______铁路局

（ 页）

补充编制记录时记人 补充______局______站______年____月____日

所编第______号______记录

一、一般情况

办理种别______货票号码______运输号码______于______年____月____日承运

发站______发局______托运人______装车单位______

到站______到局______收货人______卸车单位______

车种

车型______车号______标重______吨______年____月____日第____次列车到达

______年______月______日______时______分开始卸车______月______日______时______分卸完

封印：施封单位______施封号码______

二、事故情况

项目	货物名称	件数	包装	重量		托运人记载事项
				托运人	承运人	
票据原记载						
按照实际						
事故详细情况						

三、参加人签章

车站负责人______编制人______

公安人员______收货人______其他人员______

四、附件：1. 普通记录______页 2. 封印______个 3. 其他______

五、交付货物时收货人意见：______

年 月 日编制 铁路局 车站（公章）

（三）记录编制

货运记录和普通记录分为带号码与不带号码两种。带号码的货运记录每组一式三页：第一页为编制站存查页，第二页为调查页，第三页为货主页。带号码的普通记录每组一式两页：第一页为编制单位存查页，第二页为证明页，交给接方（包括收货人）。货运记录和普通记录号码均由铁路局或分局编印掌握。不带号码的货运记录和普通记录只限作抄件或货运员发现事故时报告用。

货运记录和普通记录用纸均应有请领、发放、使用制度。

编制货运记录要如实记载事故货物及有关方面的当时现状，不得在记录中做事故责任的结论。货运记录各栏应逐项填记。事故详细情况栏应记明货车车体、门窗、施封或篷布的情况，货物包装及装载状态，事故货件装载位置，损失程度等。

车站必须按统一顺号连续使用货运记录用纸，并按编制日期和号码顺序记入货运事故（记录、调查、赔偿)登记簿内。

关键练习

通过小组讨论接运过程中各种问题的处理。

活动二:阐述事故种类、等级

知识链接

货物在铁路运输过程中(包括承运前保管和交付完毕后点回保管)发生灭失、短少、变质、污染、损坏及严重的办理差错,在铁路内部均属于货运事故。

一、货运事故种类

(1) 火灾。

(2) 被盗(有被盗痕迹)。

(3) 丢失(全批未到或部分短少,没有被盗痕迹的)。

(4) 损坏(破裂、变形、磨伤、摔损、部件破损、湿损)。

(5) 变质(腐烂、植物枯死、活动物非中毒死亡)。

(6) 污染(污损、染毒、活动物中毒死亡)。

(7) 其他(整车、整零车、集装箱车的票货分离和误运送,误编、伪编记录及其他造成影响而不属于以上各类的事故)。

二、货运事故等级

1. 重大事故

(1) 由于货物染毒或危险货物发生事故,造成人员死亡 3 人或死亡重伤合计 5 人以上的。

(2) 货物损失(包括其他直接损失,以下同)款额 30 万元以上的。

2. 大事故

(1) 由于货物染毒或危险货物发生事故,造成人员死亡不足 3 人或重伤 2 人以上的。

(2) 货物损失款额 10 万元以上未满 30 万元的。

3. 一般事故

(1) 不属于重大、大事故的事故。

(2) 货物损失款额在 2 000 元以上未满 10 万元的。

三、货运事故处理程序

车站发现货运事故,除编制货运记录外,应对事故现场进行检查,找出原因,避免扩大损失。发生火灾、被盗须及时向铁路公安部门报案并会同处理。涉及车辆技术状态的事故,应会同车辆段检查并做检查记录。

火灾损失的计算,按照有关规定执行。

发现重大事故、大事故、火灾事故及剧毒、易燃、液化气体泄漏,应在 24 小时内向有关站、铁路局拍发"货运事故速报",并抄报中国铁路总公司、主管铁路局。

货运事故速报的内容如下。

(1) 事故等级、种类。

(2) 发现事故的时间、地点。

(3) 货物发站、车站、品名、承运日期。

(4) 车种、车型、车号、货票号码、办理种别、保价金额。
(5) 事故概要。
(6) 对有关单位的要求。

关键练习

小组讨论货运事故种类、等级划分。

知识拓展

内地供应港澳地区的货物运输

内地供应港澳地区的货物由产地经铁路运往深圳北站或广州南站，与一般国内运输有所不同。其具体做法如下。

(1) 由发货地外运或外贸公司向当地铁路局办理托运手续，经境内段铁路运至深圳北站，发货地外运或外贸公司委托深圳外运分公司办理接货、报关、查验、过轨等中转手续。预寄的单证和装车后拍发的起运电报是深圳外运组织运输的依据。

(2) 深圳外运接到铁路的到车预告后，抽出已分类编制的有关单证加以核对，并抄给香港中旅公司为接车做准备。

(3) 货车到达深圳北站后，深圳外运与铁路进行票据交接，如单证齐全无误，向铁路编制过轨计划；如单证不全，向铁路编制留站计划。深圳外运将出口货物报关单或监管货物的关封连同货物运单送海关申报，经海关审查无误，并会同联检部门对过轨货车进行联检，联检通过后，再办理港段铁路托运手续。

(4) 货车通过过轨的方式，由香港中旅公司向港段海关报关，收货后转交给香港或九龙的实际收货人。

供应澳门地区的货物由广州南站转船进行。

任务2-5 铁路运输运杂费组成分析

本任务涉及工作岗位		主对接工作岗位	★ 货运核算员
		参与工作岗位	★ 货运员、货运代理
岗位工作关系	紧前工序		受理托运或准备交付
	平行工序		制作单证
	紧后工序		装车或完成交付
岗位工作职责	1. 根据计费标准核算运费； 2. 依据银行进账单按照发票明细准确核销应收运费账目； 3. 遵守财务制度，保证数据的真实性、有效性； 4. 收取由托运人或收货人交纳的费用； 5. 如遇现金支付，须认真检验真伪； 6. 根据铁路运费账单及运费更正单检查电脑数据输入的准确性		

（续表）

学习目标	知识目标	1. 了解铁路运输费用的主要构成； 2. 掌握各项运输费用的简单计算方法
	能力目标	1. 能根据运输任务查找核对相关数据； 2. 能够根据运输任务进行运输费用的简单计算
	素养目标	1. 养成面对单调、繁杂的工作时所需的严谨、认真、细致的工作态度； 2. 养成自主学习的习惯，培养及时发现问题、独立处理问题的能力； 3. 养成遵章守纪、严于律己的工作作风； 4. 能与小组成员协作完成工作

任务描述

托运人冯清扬从河南安阳托运一台机器，重26吨，使用60吨货车一辆装运至徐州北。

根据所给信息完成以下活动。

活动：利用运杂费计算公式，简单计算运输费用。

课前准备

课前利用教学资源库、教材、网络或到图书馆、书店，查阅有关铁路运费的计算步骤、相关数据等信息并做好记录。

任务实施

活动：利用运杂费计算公式，简单计算运输费用

知识链接

铁路货物运输费用是对铁路运输企业所提供的各项生产服务消耗的补偿，包括车站费用、运行费用、服务费用和额外占用铁路设备的费用等。铁路货物运输费用的收费项目及收费标准，应在车站的营业场所公告，未经公告，不得实施。

一、运费计算程序及公式

（一）运费计算程序

确定运价里程→确定运价号→确定运价率→确定计费重量→确定运费→确定杂费→确定附加费→确定总的运输费用。

（1）根据货物运单上填写的货物名称查找分类表、检查表，确定适用的运价号。

（2）根据运价号分布在铁路货物运价率表中的对应位置查出适用的运价率。

（3）根据货物运单上填写的发、到站，按里程表计算出发站至到站的运价里程。

（4）根据货物种类、重量，确定计费重量。

（5）计算出运费。

（二）计算公式

整车货物按重量计费：运费 =（基价 1 + 基价 2 × 运价里程）× 计费重量。

整车货物按轴数计费：运费 =（基价 2 × 运价里程）× 轴数。

零担货物运费 =（基价 1 + 基价 2 × 运价里程）× 计费重量/10。

集装箱货物运费 =（基价 1 + 基价 2 × 运价里程）× 箱数。

其中，基价 1 是货物在发站及到站进行发到作业时单位重量的运价，只与计费重量（箱数）有关，与运价里程无关；基价 2 是指货物在途运输期间单位重量（箱数）每一千米的运价，既与计费重量（箱数）有关，又与运价里程有关。

（三）确定运价号

我国现行铁路货物运价实行分号运价制。整车（含冷藏车）货物运价号为 9 个（1～7、加冰冷藏车、机械冷藏车）；零担货物运价号分为 2 个（21、22）；集装箱货物运价号分为 4 个（1 吨、10 吨、20 英尺、40 英尺）。可根据货物名称查找铁路货物运输品名分类与代码表、铁路货物运输品名检查表确定适用的运价号。

（四）确定运价率

铁路运输部门常按货物种类、运送距离与运送条件等不同情况，规定不同的运价率。

（1）普通整车货物的运价号为 1～6 号、加冰冷藏车和机械冷藏车，基价 1 的单位为元/吨，基价 2 的单位为元/吨千米；整车货物运价号中的 7 号为按轴计算的运价号，无基价 1，基价 2 的单位为元/轴千米。

（2）零担货物的运价号为 21、22 号。基价 1 的单位为元/10 千克，基价 2 的单位为元/千克千米。

（3）集装箱货物，分别按 1 吨箱、10 吨箱、20 英尺（1 英尺 = 0.304 8 米）箱、40 英尺箱制定基价 1 和基价 2。基价 1 的单位为元/箱，基价 2 的单位为元/箱千米。

（五）运价里程

运价里程一般情况下根据货物运价里程表按照发站至到站间国铁正式营业线最短路径计算。

（六）计费重量

用来计算运输费用的货物重量称为计费重量。整车货物运费计费重量单位为吨；零担货物计费重量单位为 10 千克（不足 10 千克进整为 10 千克），集装箱货物计费以箱为单位。

二、杂费

铁路货运杂费是指以铁路运输的货物自承运至交付的全过程中，铁路运输企业向托运人、收货人提供的辅助作业和劳务，以及托运人或收货人额外占用铁路设备、使用用具和备品所发生的费用，全称货物运输杂费。

铁路货物运输营运中的杂费按实际发生的项目和《铁路货物运价规则》中铁路货运营业杂费费率表的规定核收，其中包括表格材料费、冷却费、D 型长大货车使用费、D 型长大货车空车回送费、取送车费、机车作业费、押运人乘车费、货车篷布使用费、集装箱使用费、货物装卸作业费、货物保价费等 11 项杂费。

三、铁路建设基金

一批货物经由国家铁路正式营业线和实行统一运价的运营临管线时应核收铁路建设基金。其计算公式为：铁路建设基金 = 费率 × 计费重量（箱数或轴数）× 电气化里程。可参照铁路建设基金费率表计算核收。

四、电气化附加费

一批货物经由国家铁路正式营业线和实行统一运价的运营临管线电气化区段时应核收铁路

电气化附加费。其计费公式为:电气化附加费 = 费率 × 计费重量(箱数或轴数) × 电气化里程。可参照电气化附加费费率表、铁路电气化区段表核收。

五、印花税

印花税属于铁路代收费用,印花税按运费的万分之五核收。

六、确定总的运输费用

运输总费用 = 运费 + 杂费 + 电气化附加费 + 铁路建设基金 + 印花税

【实例】 托运人冯清扬从安阳托运一台机器,重26吨,使用60吨货车一辆装运至徐州北。计算其运费。

查里程表安阳至徐州北的运价里程为556千米,查品名分类与代码表,机器运价号为6号运价,查运价率表,6号运价的基价1为14.8元/吨,基价2为0.076 5元/吨千米,计费重量为60吨。

运费 =(14.8 +0.076 5 ×556) ×60 =3 440.04≈3 440.00(元)

关键练习

1. 小组讨论如何确定货物运价里程、计费重量、运价率等数据。

2. 从沈阳发到大连一车玉米,使用一辆60吨棚车装运,运价里程为397千米,运价号为4号,运价率为9.60元/吨,运行基价为0.048 4元/吨千米,利用公式进行计算。

知识拓展

当今世界铁路重载运输纪录

2001年6月21日,在澳大利亚纽曼山至海德兰港的铁矿石运输铁路线上开行了总长达7 353米,编组682辆,由8台功率为6 000马力交流传动内燃机车牵引,总重达99 734吨的重载列车,创造并保持着当今世界重载运输的纪录。

考核评价

一、自我评价

1. 自我考核

(1) 阐述整车发运流程。

(2) 根据所给任务填写铁路整车托运单。

(3) 阐述铁路货物接运要点。

(4) 区别铁路货运事故种类及事故的等级划分。

2. 学生自评

学生自评,详见表2-5,40分。

表2-5 学生自评

序 号	评价内容(每项10分)	得 分	亮 点
1	课前知识查阅完成情况		
2	课前、课中与人沟通、协作表现		
3	任务完成情况		
4	课前、课中学习、工作态度表现		

二、小组(同学)评价

小组(同学)评价,详见表2-6,30分。

表2-6 小组(同学)评价

序号	评价内容(每项10分)	得分	亮点
1	课中学习、工作态度表现		
2	课中与人沟通、协作表现		
3	课程重点知识掌握情况		

三、教师评价

教师评价,详见表2-7,30分。

表2-7 教师评价

序号	评价内容(每项10分)	得分	亮点
1	课前知识查阅效果		
2	课中参与、协作情况		
3	掌握知识、技能效果		

学习项目3

铁路零担运输业务

任务3-1　铁路零担货物运输条件分析

本任务涉及工作岗位	主对接工作岗位	★ 铁路货运员
	参与工作岗位	★ 铁路货代
岗位工作职责	1. 能够独立接待托运人,正确签订铁路货物运输合同; 2. 根据实际情况,按需要准确地进行合同的变更与解除; 3. 能够妥善处理货物到站交付的业务; 4. 能够协调其他各岗位和有关部门共同完成运输任务	
学习目标	知识目标	1. 了解铁路零担货物运输的基本概况; 2. 了解铁路零担货物运输的基本条件
	能力目标	具有组织铁路零担运输的能力
	素养目标	1. 养成勤于思考的习惯,培养及时发现问题、独立处理问题的能力; 2. 能在小组和组间进行交流,敢于表达自己的见解; 3. 有较强的书面和口头表达能力; 4. 有较强的知识检索能力

任务描述

根据下列货物的条件确定能否按零担办理托运,并说明理由。

1. 白酒400件,15 000千克。
2. 玩具50件,500千克。
3. 电视机200台,8 000千克。
4. 苹果200件,20 000千克,要求运输温度为0℃~8℃。

根据所给信息完成以下活动。

活动一:了解目前我国铁路零担货物运输的特点。

活动二:了解铁路零担货物运输的基本条件。

课前准备

1. 课前要求学生采访同学、朋友、老师,询问是否了解铁路零担运输。

2. 课前利用教学资源库、教材、网络或到图书馆、书店,查阅有关我国铁路零担运输业的情况。

任务实施

活动一:了解目前我国铁路零担货物运输的特点

知识链接

铁路零担货物运输

零担货物运输是我国铁路货物运输的基本运输种类之一。对不够整车运输条件的货物,根据托运人的要求,可按零担托运。

铁路货物运输主要是通过整车运输,小部分通过零担运输。根据以往的统计资料表明,在铁路总运量中,零担货物所占比重很小,只占铁路总运量的0.19%左右,但是铁路却要投入比整车运输更多的人力和物力才能完成。

零担货物运输具有运量零星、批数较多、到站分散、品种繁多、性质复杂、包装条件不一、作业复杂的特点。因此,零担货物运输组织是一项比较复杂和细致的工作,需要一套科学合理的组织方法,才能达到安全、迅速、经济、便利地运输零担货物。

零担货物一般为一批重量较小的成件包装货物,以日常用品居多,多为怕湿货物,一般使用棚车装载。

关键练习

通过分组讨论的形式分享课前学习的收获、课内学习的心得,总结阐述铁路零担运输为何在我国铁路货运量中所占比重较小。

活动二:了解铁路零担货物运输的基本条件

知识链接

一、零担货物办理站

零担货物办理站是指办理零担货物发送、到达作业的车站(见表3-1)。

表3-1 零担货物办理站

铁路局	整零办理站	个数
哈尔滨	佳木斯、伊春、北安、牡丹江、齐齐哈尔、鸡西、塔河、加格达奇、海拉尔	9
沈阳	沈阳东、沈阳、沈阳南、大连东、丹东、锦州、辽阳、吉林西	8
北京	丰台、广安门、保定、南仓、天津南、唐山南、德州、石家庄南、邯郸、邢台、衡水、廊坊	12
太原	大同、太原东、侯马	3
呼和浩特	呼和浩特、包头东、临河、乌海、集宁、二连、丰镇	7
郑州	郑州东、洛阳东、商丘、南阳、新乡、安阳	6
武汉	舵落口、襄樊	2

（续表）

铁路局	整零办理站	个数
西安	西安西、宝鸡、汉中	3
济南	烟台、莱阳、青岛、城阳、胶州、济南、兖州、徐州西、淄博	9
上海	蚌埠、北郊、常州、巢湖西、丹阳、海宁、江山、金华、兰溪、南京西、南星桥、宁波北、衢州、上虞、绍兴东、苏州西、温州西、无锡南、芜湖西、萧山西、义乌西、余姚西、镇江南、诸暨东	24
南昌	南昌南、鹰潭南、新余、福州东、泉州、漳州、杏林、来舟	8
广铁	深圳北、衡阳、株洲、长沙北、怀化南、肇庆、大朗	7
柳州	桂林北、柳州东、南宁、茂名、玉林、凭祥	6
成都	成都东、重庆东、重庆南、贵阳东、广元南、绵阳、乐山、西昌南、渡口、南充东、内江东、自贡、宜宾、隆昌、永川、达州、遵义南	17
昆明	昆明东	1
兰州	银川、天水、张掖、兰州北、嘉峪关	5
乌鲁木齐	乌鲁木齐	1
西藏		0
合　计		128

铁路车站要办理零担业务，必须满足一定的条件。这些条件是指要有稳定的货源、办理零担货物场库的设备、与办理零担货物相配套的装卸机械和办理零担业务的专业人员。为了有效、合理地利用设备高效率地办理零担货物运输，中国铁路总公司规定了全路整零办理站。

二、零担货物运输的基本条件

零担货物必须在规定的零担货物办理站之间进行。

对不够整车运输条件的货物，托运人要求按零担办理时，必须符合这些要求：按零担托运的货物，一件体积最小不得小于 0.02 立方米（一件重量在 10 千克以上的除外），每批不得超过 300 件。

三、零担货物运输方式

1. 拼箱运输

拼箱运输是指发站将承运的到达同一到站的数批零担货物，装在一个集装箱内，按集装箱运输，在到站按零担货物交付的运输方式。

2. 一站直达整零车

一站直达整零车是指将发站承运的到同一到站的数批零担货物，拼装在一辆货车内，按整车方式运输。

直达整零车不需要在中转站进行中转，减少了中转站的调车、装卸等作业，经济效果好，运输速度快，加速了车辆中转。

3. 拼车

拼车是指车站将零担货流组织为整车货物运输。

4. 行包运输

行包运输就是以行包运输的方式运输零担货流。

四、一站整零车的组织条件

对到达同一到站的零担货物数量达到货车标记载重量的 50% 或容积的 90% 以上的应组织一站整零车装运。

关键练习

通过分组讨论的形式借助网络了解世界各个国家铁路零担运输的发展情况。

知识拓展

我国铁路零担货物运输发展趋势

当前社会物流结构已经发生变化，随着互联网购物的兴起，近年来快递业以超过50%的增长率超高速发展，汽车运输也保持较高增长势头。据国家统计局数据，2013年铁路货运量增长1.6%，公路运输增长11.3%，而快递业增长61.6%；2015年上半年，铁路货运量下降2.5%，公路运输增长9.2%，快递业增长53.7%，铁路货运量增长速度远低于公路运输、快件运输，这从一个侧面体现了社会物流走向零担和快件的趋势明显。仔细分析铁路货运下滑原因或许可以看出，不搭上“以零担和快件为主”的高速增长列车，铁路货运或难以止跌回升。因此，在大力发展高铁快递、电商班列的基础上，抓紧“不惜代价”大胆扶持和发展铁路零担运输就成为当前铁路货运改革的重要选项之一。

任务3-2 铁路零担货物运输作业程序

本任务涉及工作岗位	主对接工作岗位	★ 铁路货运员
	参与工作岗位	★ 货运核算员
岗位工作关系	紧前工序	受理托运前的准备工作
	平行工序	接洽客户
	紧后工序	装车作业
岗位工作职责	1. 上岗前保持精神饱满，端庄大方； 2. 接受客户信息时要认真、详细、礼貌； 3. 建立客户档案，并保持良好的客情关系； 4. 与客户签订铁路运输合同； 5. 能够按照客户提供的信息填制运单； 6. 填制单证时要认真、准确，杜绝错填、漏填； 7. 完成上级领导交给的其他工作任务	
学习目标	知识目标	1. 识读铁路托运单； 2. 掌握铁路运单的填制要求
	能力目标	1. 能够办理铁路托运业务； 2. 能够正确填写铁路运单
	素养目标	1. 养成负责任的工作态度、认真细致的工作作风； 2. 养成自主学习的习惯，培养及时发现问题、独立处理问题的能力； 3. 与客户沟通时有较强的语言表达能力； 4. 能与小组成员协作完成工作

任务描述

石家庄灯泡厂(地址:石家庄市桥东区裕华路24号)在石家庄南站托运零担灯泡一批180件,重量为900千克,包装纸箱规格为0.6米×0.4米×0.4米,货物价格为18 000.00元,到站为衡阳,运价里程为1 515千米,收货人为衡阳五金商场(地址:衡阳市四平路38号)。该批货物易碎、怕震,在装卸搬运时应注意轻拿轻放。

根据所给信息完成以下活动。

活动一:掌握铁路零担货物运输的承运方式。

活动二:正确完成铁路零担货物运输的办理。

课前准备

课前利用教学资源库、教材、网络或到图书馆、书店,查阅有关铁路零担货物运输受理托运的流程及基本要求等知识。

任务实施

活动一:掌握铁路零担货物运输的承运方式

知识链接

一、零担货物的承运方式

零担货物的运量零星、到站分散,发货单位又提不出合理的发送计划,而铁路运输组织要求运量和流向相对集中,因此,要求按承运日期表承运。

承运日期表的承运方式是车站在掌握货物流量、流向基本规律的情况下,按主要到站或方向安排承运日期,事先公布,托运人按规定的日期办理托运,保证当日受理、当日承运、当日装车、当日挂运。

二、零担货物承运日期表的编制原则

(1) 最大限度地组织直达整零车运输,消除不合理中转。

(2) 充分利用货场能力,组织均衡运输。

(3) 便于托运人组织货物及时运输。

(4) 满足车辆挂运要求,便于按方向组织成组装车。

关键练习

通过分组讨论的形式研讨为什么零担货物要实行承运日期表的承运方式。

活动二:正确完成铁路零担货物运输的办理

知识链接

零担货物的作业程序可分为发送作业、途中作业和到达作业。

一、零担货物发送作业

1. 托运

托运人托运货物时,应按车站公布的规定日期办理货物托运手续,并按批提出货物运单一份。

2. 受理

车站在审核货物运单符合要求后,承运人应在货物运单上加盖车站受理戳,并指定进货日期与库区。

3. 进货验收

托运人应按承运人指定的进货日期,凭车站签证后的货物运单将货物送入货场指定位置,货区货运员验收后货物应送入仓库指定的货位,并在货物运单上填写货位号、验收日期并签章。

4. 核算制票及承运

进货验收后,货区货运员应将货运单等相关费用的票据交给核算员,核算员按规定制票,核收费用后,在货物运单、领货凭证上加盖车站承运日期戳,并将领货凭证交托运人。

5. 装车作业

装车作业是铁路货物运输工作的一个重要环节。装车质量直接影响到货物安全、货物运送速度、车辆周转时间以及列车运行安全。零担货物的装车作业由承运人负责。

二、零担货物途中作业

1. 货运交接检查

为了保证行车安全和货物安全,划清运输责任,对运输中的货物(车)和运输票据要进行交接检查,并按规定处理。

货物发送前、运输途中(途经货运检查站)和到达后均应进行货运检查。

2. 运输阻碍的处理

因不可抗力(如风灾、水灾、雹灾、地震等)原因致使行车中断,货物运输发生阻碍时,铁路局对已承运的货物,可指示绕路运输;或者在必要时先将货物卸下,妥善保管,待恢复运输时再行装车继续运输,所需装卸费用由装卸作业的铁路局负担。因货物性质特殊(如动物死亡、易腐货物腐烂、危险货物发生燃烧、爆炸等)须绕路运输或卸下再装造成货物损失时,车站应联系托运人或收货人在要求的时间内提出处理办法。超过要求时间未接到答复或因等候答复将使货物造成损失时,比照无法交付货物处理,所得剩余价款(交纳装卸、保管、运输、清扫、洗刷、除污费后)通知托运人领取。

三、零担货物到达作业

1. 接受票据与重车

列车到达后,车站应派人接受重车与票据。

2. 卸车

卸车时,监装卸货运员应全程监卸,认真组织装卸工组卸车,逐批检查清点核对,并在相关票据上注明货物存放的货位号。

3. 卸车后作业

货物卸车后，认真核对货区卸下货物与票据。

4. 货物保管与到货通知

零担货物卸车后，车站应在不迟于卸车完了的次日，向收货人发出催领通知。对到达的零担货物，车站免费保管期限为2天，超过规定期限，核收货物暂存费。

5. 交付作业

收货人在办理领取手续时，车站应认真审查领货凭证及相关证明文件，确认正当的收货人后，清算运输费用，把货物交付收货人。

关键练习

描述零担货物托运单填制的具体要求。

知识拓展

托运人付款须知

（一）零担、集装箱货物进货完毕经发站验收后，必须在当天交付运杂费。整车货物应在发站承运货物的当日交付运杂费。对18点以后承运的货物，可以在次日支付。超过期限，每天核收1%的迟交金。

（二）因托运人责任造成运杂费不能按时进账时，承运人按规定核收迟交金。

考核评价

一、自我评价

1. 自我考核

按照所给情景完成货物的托运受理作业。

2. 学生自评

学生自评，详见表3-2，40分。

表3-2　学生自评

序　号	评价内容（每项10分）	得　分	亮　点
1	课前知识查阅完成情况		
2	课前、课中与人沟通、协作表现		
3	任务完成情况		
4	课前、课中学习、工作态度表现		

二、小组（同学）评价

小组（同学）评价，详见表3-3，30分。

表3-3 小组(同学)评价

序 号	评价内容(每项10分)	得 分	亮 点
1	课中学习、工作态度表现		
2	课中与人沟通、协作表现		
3	课程重点知识掌握情况		

三、教师评价

教师评价,详见表3-4,30分。

表3-4 教师评价

序 号	评价内容(每项10分)	得 分	亮 点
1	课前知识查阅效果		
2	课中参与、协作情况		
3	掌握知识、技能效果		

学习项目4 铁路集装箱运输业务

任务4－1　铁路集装箱货物运输条件分析

本任务涉及工作岗位	主对接工作岗位	★ 铁路货运员
	参与工作岗位	★ 铁路货代
岗位工作职责	1. 了解集装箱办理的基本条件; 2. 根据实际情况,进行集装箱货物的组织工作; 3. 能够协调其他各岗位和有关部门共同完成运输任务	
学习目标	知识目标	1. 了解铁路集装箱货物运输的基本概况; 2. 了解铁路集装箱货物运输的基本条件
	能力目标	能够组织铁路集装箱运输
	素养目标	1. 养成勤于思考的习惯,培养及时发现问题、独立处理问题的能力; 2. 能在小组和组间进行交流,敢于表达自己的见解; 3. 有较强的书面和口头表达能力; 4. 有较强的知识检索能力

任务描述

托运人在石家庄南站托运下列货物,石家庄南站能否受理?请说明理由。

1. 托运人按一批托运8个20英尺集装箱。
2. 托运人按一批托运2个20英尺自备集装箱和1个40英尺自备集装箱。
3. 托运人按一批托运1个20英尺自备集装箱和1个20英尺铁路集装箱。

根据所给信息完成以下活动。

活动一:了解铁路集装箱货物运输的条件。

活动二:掌握铁路集装箱货物运输按一批办理的条件。

课前准备

1. 课前要求学生采访同学、朋友、老师,询问是否了解铁路集装箱运输。

2. 课前利用教学资源库、教材、网络或到图书馆、书店,查阅有关我国铁路集装箱运输业的情况。

任务实施

活动一：了解铁路集装箱货物运输的条件

知识链接

集装箱运输是我国铁路主要运输种类之一。它以安全、便捷、快速、门到门的优势发展迅速，必将成为我国铁路货物运输的发展方向。

一、集装箱的定义

国际标准化组织(International Organization for Standardization，ISO)对集装箱下的定义为，集装箱是一种运输设备，应满足以下要求：

(1) 具有耐久性，其坚固强度足以反复使用；

(2) 便于商品运送而专门设计的，在一种或多种运输方式中运输时无须中途换装；

(3) 设有便于装卸和搬运的装置，特别是便于从一种运输方式转移到另一种运输方式；

(4) 设计时应注意到便于货物装满或卸空；

(5) 内容积为1立方米或1立方米以上。

集装箱不包括车辆或一般包装。

二、铁路集装箱的种类

1. 按箱主分类

目前，从事铁路运输的集装箱按箱主可分为铁路集装箱(中铁集装箱运输有限责任公司所属的集装箱)和企业自备集装箱(托运人配置或租用的集装箱)。

2. 按尺寸分类

铁路集装箱按尺寸可分为20英尺、40英尺和48英尺集装箱。集装箱以标准箱作为统计单位，表示一个20英尺的集装箱，一个40英尺的集装箱可折合为2个标准箱。

想一想

你是否见过集装箱？在哪里见过集装箱？

3. 按所装货物种类和箱体结构分类

(1) 普通货物箱，包括通用箱和专用箱。

(2) 特种货物箱，包括保温箱、罐式箱等。

三、铁路集装箱运输的基本条件

1. 集装箱必须在规定的集装箱办理站间运输

铁路车站要办理集装箱业务，必须满足一些基本条件。这些条件是指要有稳定的货源、集装箱硬化场地、与办理集装箱吨位相配套的装卸机械和具有办理集装箱业务素质的工作人员。铁路局对具备集装箱办理条件的车站进行审查，报中国铁路总公司批准，并在铁路货物运价里程表中公布。

2. 必须使用符合规定的集装箱

在铁路运输中所使用的集装箱必须符合国际、国家或中国铁路总公司标准。

3. 必须是符合集装箱运输的货物

托运人和承运人对适箱货物应采用集装箱运输，对集装箱适箱货物品名表中规定的货物，在发站有运用空箱时，必须采用集装箱运输。

易于污染箱体的货物，如水泥、炭黑、化肥等不得使用铁路通用集装箱装运。易于损坏和腐蚀箱体的货物，如铁块、盐等不得使用集装箱装运。性质相抵触的货物不得混装于同一箱内。

关键练习

通过分组讨论的形式分享课前学习的收获、课内学习的心得，总结阐述铁路集装箱运输为何在我国铁路货运量中所占比重增长很快。

活动二：掌握铁路集装箱货物运输按一批办理的条件

知识链接

一、集装箱按一批办理的条件

铁路集装箱和自备集装箱不得按一批办理托运。

每批必须是标记总重相同的同一箱型，至少一箱，最多不得超过铁路一辆货车所能装运的箱数，且集装箱总重之和不得超过货车的容许载重量。

二、集装箱重量的限制

集装箱货物的重量由托运人确定，但托运的集装箱总重不得超过该集装箱的标记总重。在对集装箱总重有限制规定的办理站间运输时，不得超过限制的总重。

集装箱内单件货物的重量超过100千克时，应在货物运单“托运人记载事项”栏内注明。

关键练习

通过分组讨论的形式借助网络了解世界各个国家铁路集装箱运输的发展情况。

知识拓展

我国现阶段铁路集装箱货运量基本概况

自20世纪80年代以来，中国铁路集装箱运量得到了较快的发展。2015年1月至7月，全国铁路集装箱发送量完成281.8万标准箱，同比增长15.2%。其中，6月份发送量同比增长22.4%，7月份发送量同比增长29.2%。这是我国铁路总公司积极适应国际物流发展趋势，加快推进铁路现代物流转型发展取得的明显成效。

为大力发展集装箱运输，铁路总公司推出了一系列服务措施。一是规范收费。对批量零散货物实行按货物重量（体积）进行“一口价”收费，免费向客户提供铁路通用箱。二是加快箱体周转。大力吸引自备箱上路运输，自备空箱免费存放50天，空重联运时空箱运价率按重箱运价率的10%计算。三是优化货物品类。允许块煤、焦炭等货物采用集装箱运输，目前已经累计发送254.0万吨。四是扩大集装箱办理站数量。2015年以来新增集装箱办理点200个，目前全国铁路集装箱办理点总数达到了752个。五是发展铁水联运。集装箱铁水联运班列达到56条，2015年1月至7月，10个主要集装箱港口累计完成铁水联运量98.4万标箱，同比增长11.5%。六是加强信息服务。目前，已实现与连云港、宁波港、厦门港、青岛港、营口港、天津港、中海等港航企业的信息交换与共享。

任务4-2 铁路集装箱货物运输作业程序

本任务涉及工作岗位		主对接工作岗位	★ 铁路货运员
		参与工作岗位	★ 货运核算员
岗位工作关系	紧前工序		受理托运前的准备工作
	平行工序		接洽客户
	紧后工序		装车作业
岗位工作职责	1. 上岗前保持精神饱满,端庄大方; 2. 接受客户信息时要认真、详细、礼貌; 3. 要求建立客户档案,并保持良好的客情关系; 4. 与客户签订铁路集装箱运输合同; 5. 能够按照客户提供的信息填制运单; 6. 填制单证时要认真、准确,杜绝错填、漏填; 7. 完成上级领导交给的其他工作任务		
学习目标	知识目标	1. 识读铁路集装箱托运单; 2. 掌握铁路集装箱运单的填制要求	
	能力目标	1. 能够正确填写铁路集装箱运单; 2. 能够办理铁路集装箱托运业务	
	素养目标	1. 养成负责任的工作态度、认真细致的工作作风; 2. 养成自主学习的习惯,培养及时发现问题、独立处理问题的能力; 3. 与客户沟通时有较强的语言表达能力; 4. 能与小组成员协作完成工作	

任务描述

托运人在太原鸣李集装箱站托运2个20英尺集装箱,每个集装箱内装服装18吨,到站为上海,运价里程为1 497千米,收货人为上海昌盛商场,箱号为TBJ538356/542357。

根据所给信息完成以下活动。

活动:了解铁路集装箱货物运输的作业程序。

课前准备

课前利用教学资源库、教材、网络或到图书馆、书店,查阅有关铁路集装箱货物运输受理托运的流程及基本要求等知识。

任务实施

活动:了解铁路集装箱货物运输的作业程序

知识链接

一、铁路集装箱运输管理体制

中国铁路总公司行使铁路集装箱运输行业管理职能,负责铁路集装箱运输各项规章制度和组织管理办法的制定、修改及其实施情况的监督检查。中铁集装箱运输有限责任公司是具有集装箱承运权的中国铁路总公司直属专业运输企业。公司与铁路局的关系是市场主体之间的平等关系,共同完成铁路集装箱运输工作。

中铁集装箱运输有限责任公司的组织结构为总公司→分公司→运营部→场站。

二、集装箱货物运输作业程序

集装箱货物运输作业程序是铁路集装箱作业应遵循的作业程序,包括发送、途中和到达3个环节。

1. 托运与受理

集装箱运输以集装箱货物运单作为运输合同。托运人托运集装箱应按批提出运单。

集装箱货物专用运单(见表4-1),上端居中的票据名称冠以“中铁集装箱运输有限责任公司集装箱货物运单”,由两联组成,第一联为货物运单,第二联为提货单,背面印有“托运人、收货人须知”。

(1) 中铁集装箱运输有限责任公司集装箱货物运单,是承运人与托运人之间为办理集装箱货物铁路运输所签订运输合同的证明。

(2) 托运人托运集装箱货物时,应向承运人按批提出集装箱货物运单一式两联,每批应是同一箱类、箱型,至少一箱,最多不得超过铁路一辆货车所能装运的箱数,且集装箱总重之和不得超过货车的容许载重量。

(3) 集装箱货物运单两联中相应各栏记载内容应保持一致,托运人对其所填项目的真实性负责。

(4) 托运人持集装箱货物运单托运集装箱货物,即确认并证明愿意遵守集装箱货物铁路运输的有关规定。

(5) 集装箱货物运单“发货地点”和“交货地点”栏,托运人选择站到站的运输方式时可不填写,如果选择门到站、站到门、门到门的运输方式,则应填写详细、具体的发货地址和交货地址。

(6) 集装箱货物运单“提货联”用于领取集装箱货物。托运人托运集装箱货物后应及时将集装箱运单“提货联”交收货人,收货人要及时与承运人联系领取货物。

(7) 其他未尽事宜按照中国铁路总公司有关规定办理。

承运人对托运人填写的货物运单进行审核,审核符合要求后在运单和领货凭证上加盖车站受理戳,并及时通知托运人,在规定的时间内领取空箱、装箱进站。

表4-1 集装箱货物运单

货物指定于 月 日搬入 中铁集装箱运输有限责任公司 承运人/托运人装车
货位: **集装箱货物运单** 货票号码:
运到期限 日 托运人→发站→到站→收货人

发站		到站(局)		车种车号		货车标重		
到站所属省(市)自治区						运输方式	□国内运输 □海铁联运 □班列运输	
发货地点		交货地点						
托运人	名称			E-mail			□站到站 □站到门 □门到站 □门到门	
	地址	邮编		电话				
收货人	名称			E-mail				
	地址	邮编		电话				
货物品名	集装箱箱型	集装箱箱类	集装箱数量	集装箱号码	施封号码	托运人确定重量/千克	承运人确定重量/千克	运输费用
合计								
托运人记载事项:		添附文件:		货物价格:		承运人记载事项:		

注:本运单不作为收款凭证。 托运人盖章签字 承运 交付
"托运人、收货人须知"见背面。 年 月 日 日期戳 日期戳

2. 空箱拨配

托运人持经车站货运室货运员核准的货物运单,向发送货运员领取空箱。

3. 装箱与施封

集装箱货物装箱可以在站内,也可以在站外,这要视车站场地、设备条件和托运人的需要来定。

货物的装箱工作由托运人自己进行,箱内货物的数量和质量由托运人负责。

托运人在托运集装箱货物时,除托运的空集装箱外,其余集装箱必须施封。施封是体现托运人权利和责任的重要标志,必须由托运人自己进行。承运人不能接受代为施封的委托。集装箱施封后,托运人应在运单上填记集装箱箱号和施封号码,这是托运人施封责任的书面记载。

4. 确定重量与接受重箱

集装箱货物的重量原则上由托运人确定。

车站在接受重箱时,货运员应认真复核货物运单记载事项,戳记要齐全无误,并逐项进行检查;检查发现有问题时,由托运人按规定改正后检查接受。

铁路方对箱内所装货物有疑问时,应开箱检查。检查箱内货物时,托运人应在场。

验收后的重箱应送入货区指定的箱位,并在货物运单上填写箱位号、验收日期并签章。

5. 核算制票与承运

核收运输费用后,应在货物运单上加盖车站承运日期戳,并将领货凭证(运单第二页)交托运人,此时即为承运。

6. 装车作业

集装箱装车前,必须按照《铁路货物装载加固规则》规定做到:

(1) 制订装载方案,应合理装载,不得超载、偏载、偏重;

(2) 1 吨箱仅限于使用棚车装运,近车门处最外层集装箱应箱门朝里码放,防止运行中倒塌,保证到站后从两侧门卸车;

(3) 20 英尺集装箱使用敞车装运时,集装箱箱门朝向相邻集装箱,箱间距不大于 150 毫米;

(4) 使用普通平车装运集装箱时,应按规定装载加固;

(5) 使用敞车装运重集装箱时,应采取措施,防止偏载;

(6) 装车完毕后填写集装箱货车装载清单。

7. 接受票据与重车

列车到达后,车站应派人接受重车和票据。

8. 卸车

卸车时,卸车货运员应全程监卸。

9. 货物保管与到货通知

集装箱货物卸车后,车站应在不迟于卸车完了的次日,向收货人发出催领通知。对到达的集装箱零担货物,车站免费保管期限为 2 天,超过规定期限,核收货物暂存费和集装箱延期使用费。

10. 交付作业

集装箱的启封和掏箱工作由收货人负责。

关键练习

通过分组讨论的形式研讨为什么铁路未来要重点发展集装箱运输。

知识拓展

组织集装箱发运货物

组织集装箱发运货物有两种情况:一种情况是组织整车集装箱发运货物(见图 4-1),办理其发运手续与整车的相同;另一种情况是组织零担集装箱发运货物,办理其发运手续与零担的相同。

图 4-1　铁路集装箱运输

考核评价

一、自我评价

1. 自我考核

(1) 掌握铁路集装箱货物运输的办理条件。

(2) 完成铁路集装箱货物运输的发运流程。

2. 学生自评

学生自评,详见表4-2,40分。

表4-2 学生自评

序 号	评价内容(每项10分)	得 分	亮 点
1	课前知识查阅完成情况		
2	课前、课中与人沟通、协作表现		
3	任务完成情况		
4	课前、课中学习、工作态度表现		

二、小组(同学)评价

小组(同学)评价,详见表4-3,30分。

表4-3 小组(同学)评价

序 号	评价内容(每项10分)	得 分	亮 点
1	课中学习、工作态度表现		
2	课中与人沟通、协作表现		
3	课程重点知识掌握情况		

三、教师评价

教师评价,详见表4-4,30分。

表4-4 教师评价

序 号	评价内容(每项10分)	得 分	亮 点
1	课前知识查阅效果		
2	课中参与、协作情况		
3	掌握知识、技能效果		

学习项目5 公路整车运输业务

任务5－1　公路货物运输认知

本任务涉及工作岗位	主对接工作岗位	★ 公路货运员
	参与工作岗位	★ 公路货代
岗位工作职责	1. 能够独立接待托运人，正确签订公路货物运输合同； 2. 根据实际情况，按需要准确地进行合同的变更与解除； 3. 能够妥善处理货物到站交付的业务； 4. 能够协调其他各岗位和有关部门共同完成运输任务	
学习目标	知识目标	1. 了解公路货物运输的基本概况； 2. 了解公路运输计划提报、审批； 3. 掌握公路货物运输的优缺点
	能力目标	1. 能够正确识别公路货物运输的基本设施； 2. 能够掌握公路货物运输的主要形式
	素养目标	1. 养成勤于思考的习惯，培养及时发现问题、独立处理问题的能力； 2. 能在小组和组间进行交流，敢于表达自己的见解； 3. 有较强的书面和口头表达能力； 4. 有较强的知识检索能力

任务描述

公路运输（road transportation）是现代运输的主要方式之一，同时也是构成陆上运输的两个基本运输方式之一。它在整个运输领域中占有重要的地位，并发挥着越来越大的作用。世界经济发达国家的公路运输都发展得很快，全世界机动车总数已近12亿辆，全世界现代交通网中，公路线长占2/3，约达2千万千米，公路运输所完成的货运量占整个货运量的80%左右，货物周转量占10%。在一些工业发达国家，公路运输的货运量、周转量在各种运输方式中都名列前茅，公路运输已成为一个不可或缺的重要组成部分。

至2014年年末，全国公路总里程达到446.39万千米。其中，高速公路总里程达到11.19万千米，比2013年年末增加0.75万千米。

1. 公路货物运输的技术经济特征

（1）机动灵活，实现门到门运输。汽车运输对道路条件要求不高，适应性强，运送速度快，不仅是其他运输方式的接运工具，还可以进行直达运输，减少中间环节，实现门到门运输。

（2）投资少。修建公路的材料和技术比较容易解决，易在全社会广泛发展，车辆的购置费用也比较低，回收期短，资金周转快。

（3）运输能力小。汽车的单位载重量较低，每辆普通载重汽车每次只能运送几吨到十几吨的货物，重型车辆能运送几十吨的货物，比铁路和水路的载重量低很多。

（4）运输能耗很高。汽车运输的单位能耗分别是铁路运输能耗的10.6～15.1倍，是内河运输的13.5～19.1倍，是管道运输的4.8～6.9倍，但比民航运输能耗低，只有民航运输的6%～87%。

（5）运输成本高。汽车运输成本分别是铁路运输的11.1～17.5倍，是沿海运输的27.7～43.6倍，是管道运输的13.7～21.5倍，但比民航运输成本低，只有民航运输的6.1%～9.6%。

2. 公路货物运输的适宜对象

公路运输比较适宜在短途内运输整车及零担货物，适宜进行配送运输及鲜活易腐货物运输，适宜与铁路、水路、航空联运，为铁路、港口集疏运物资，可以深入山区及偏僻的农村进行货物运输，以及在远离铁路的区域从事干线运输。

根据所给信息完成以下活动。

活动一：识别公路货物运输的基本设施。

活动二：掌握公路货物运输的形式。

课前准备

1. 课前要求学生采访同学、朋友、老师，询问是否了解公路运输。
2. 课前利用教学资源库、教材、网络或到图书馆、书店，查阅有关我国公路运输业的情况。

任务实施

活动一：识别公路货物运输的基本设施

知识链接

运输设施是使运输对象进行空间场所移动的技术手段。公路运输设施主要由运输车辆、公路、汽车站场组成。

一、公路运输车辆

公路运输使用的车辆可分为普通货运车辆、牵引挂车运输车辆和专用运输车辆三大类。

（一）普通货运车辆

公路货物运输所承运的货物大多数为普通货物，因此这类物品的运输通常采用普通货运车辆进行运输。普通货运车辆可分为普通卡车（见图5-1）、厢式货车（见图5-2）和农用运输车辆等。随着城市物流的发展，厢式货车由于具有运输包装要求低、防护条件好、运输安全可靠等特点，因此应用得越来越广泛。

图5-1　普通卡车

图5-2　厢式货车

（三）牵引挂车运输车辆

牵引车是集装箱运输的主要工具，自身一般不具备载货平台，必须与挂车连接在一起使用。挂车本身没有发动机驱动，须通过拖挂装置，由牵引车或其他车辆牵引，组成汽车列车才能成为一个完整的运输工具。随着公路运输物流现代化的发展，集装箱运输多采用牵引挂车运输（见图5-3）。

图5-3　牵引挂车

（三）专用运输车辆

普通货物运输车辆对货物品种适应性较强，但对特殊的货物，如鲜活货物、液体货物、粉粒状货物，以及易燃易爆、易腐蚀、有毒物品等只有用专用汽车运输，才能满足物流对运输服务质量的要求，保证货物的物理状态、质量安全，同时缩短装卸时间，降低工人劳动强度，提高劳动生产率和企业的经济效益。专用运输车辆主要包括液压罐运输车（见图5-4）、粉罐运输车、冷藏车、自卸车（见图5-5）、轿车专用运输车（见图5-6）等。

图5-4　液压罐运输车

图5-5　自卸车

图5-6　轿车专用运输车

想一想

你在公路上见过哪些运输车辆？它们属于哪一种车型呢？

二、公路

公路是汽车运输的重要基础设施，由路基、路面、桥梁、涵洞、防护工程、排水设施与设备、交通控制设备等部分组成。

公路分为5个等级，即高速公路、一级公路、二级公路、三级公路和四级公路。其主要是根据道路的通行能力划分的，不同等级的公路，路面路基质量、路面宽度、曲线半径、交通控制和行车速度有较大的差别，对运输质量、运输成本影响很大。

交通控制设备主要有交通标志、交通信号、路面标线和路标，其功能是对车辆、驾驶人员、行人起到限制、诱导、警告作用。

三、汽车站(场)

汽车站(场)是公路物流活动的结点(接点)，主要有货运站和停车场。

道路货物运输站(场)是以场地设施为依托，为社会提供有偿服务的具有仓储、保管、配载、信息服务、装卸、理货等功能的综合货运站(场)、零担货运站、集装箱中转站、物流中心等经营场所。

货运站(场)的主要功能是对汽车运输活动进行组织管理，为运输车辆提供后勤供应和技术保障。其主要工作是组织货源、受理托运、理货、编制车辆运行作业计划和车辆调度等。

关键练习

通过分组讨论的形式分享课前学习的收获、课内学习的心得，总结阐述公路运输为何在我国还要大力发展，“要想富，先修路”应如何理解。

活动二：掌握公路货物运输的形式

知识链接

公路货物运输货种繁多，货物的批量大小不同，各种货物对装运车辆的要求也不同，需要公路货物运输企业以多种运输方式满足货物托运人的要求。我国公路货物运输企业的运输方式主要有整车货物运输、零担货物运输、集装箱货物运输、包车货物运输、特种货物运输及联合运输等方式。

一、整车货物运输

整车货物运输是指托运一批次货物在3吨以上，或者不足3吨但其性质、体积、形状需要使用一辆运货汽车进行公路运输的方式。整车货物运输通常采用一车一张运输发票的方式进行运输，有时也可根据需要拼装另一托运人的货物。

整车运输有以下两种形式。

1. 整车直达

整车直达是按货车载重标准吨数和运输里程向托运单位收费。

2. 整车分卸

整车分卸是起运站和运输方向相同、到达站不同的货物拼凑成整车，依到达站不同分别卸货。运输部门按货车载重标准吨数和到达站最远里程数向托运人收费。

二、零担货物运输

零担货物运输是托运人一次托运的货物计费重量在3吨以下的货物，通过道路、运用汽车运送零担的运输活动。零担货物运输具有定线、定班的特点。零担货运按经营区域可分为县(市)内、地(市)内、省内、省际和国际零担货运；按送达速度可分为普通零担货运、快件零担货运和特快专运零担货运。

三、集装箱货物运输

公路集装箱货物运输是指利用具有一定强度、刚度和规格的专供周转使用的集装箱大型装货容器装卸运输货物的运输方式。集装箱货物运输具有减少货损、保证货物运输安全和提高装卸效率的优点，是公路运输现代化的重要标志。

集装箱货物分为整箱货和拼箱货两种：整箱货由发货人自行装箱；拼箱货由集装箱货运站负责装箱。集装箱货源组织通常有3种方式：第一种是计划调拨运输，即由公路运输代理公司或配载中心统一受理由口岸进出口的集装箱货源，统一调拨运输计划；第二种是合同运输，即在计划调拨运输以外或有特殊要求的情况下采用的运输形式；第三种是临时托运，即临时托运的、小批量的、无特殊要求的运输。

四、包车货物运输

包车货物运输又称行程租车运输，是指车辆出租人向承租人提供车辆，载运约定的货物在约定的货运地点完成某一次或某几次行程的货物运输，由承租人支付运输费用的一种运输方式。包车货物运输最适合这些货物：不易计算货物运量、运距的；因货物性质、道路条件限制使车辆不能以正常速度行驶的；装卸次数频繁、时间过长的；托运人须自行确定车辆开停时间的。

关键练习

通过分组的形式，要求学生借助网络了解我国和欧美等国家或地区公路运输的发展情况。

知识拓展

我国公路运输发展趋势

近年来，我国交通基础设施和运输装备不断改善，为公路运输市场的快速发展创造了有利条件，也使公路客货运输的平均运距不断延长。目前，我国公路运输行业正处于快速发展的成长期，在国民经济运行和增长中发挥着日益重要的作用。

未来几年，我国公路运输的发展趋势主要表现在以下几个方面。

1. 公路运输需求将继续保持快速增长

近20多年来，我国公路基础设施建设迅速发展，公路运输能力极大提高，在国民经济增长和人民生活水平提高方面发挥着越来越大的作用。但与日益增长的运输需求相比，公路运输仍存在着有效供给不足的问题。随着我国经济的进一步发展，公路运输需求将继续保持快速增长。在公路货运中大宗货物、初级产品所占的份额呈下降趋势，对运输服务质量和服务水平的要求日益提高。

2. 智能运输系统是未来公路运输的发展方向

智能运输系统(Intelligent Transportation System，ITS)，是将先进的信息技术、数据通信传输技术、电子控制技术及计算机处理技术等综合运用于整个地面运输管理体系，使人、车、路及环境密切配合、和谐统一，使汽车运行智能化，从而建立一种在大范围内全方位发挥作用的实时、准确、高效的公路运输综合管理系统。

智能运输系统可提高公路交通安全水平，减少交通堵塞，提高公路网的通行能力，降低汽车运输对环境的污染，提高汽车运输生产率和经济效益。随着智能运输系统技术的发展，电子技术、信息技术、通信技术和系统工程等高科技在公路运输领域将得到广泛应用，物流运输信息管理、运输工具控制技术、运输安全技术等均将产生巨大的飞跃，从而大幅度提高公路网络的通行能力。

3. 公路运输将与现代物流日益融合

物流业作为一种新的经济运行方式，已成为国民经济的重要服务部门之一。由第三方物流企业组成的新的物流服务行业，是中国经济发展新的生产力。随着公路运输需求水平的逐步提高，公路货运中小批量、多品种、高价值的货物越来越多，在运输的时间性和服务质量方面的要求越来越高。因此，公路运输企业必须提高自身的物流服务水平，以满足日益提高的客户服务的要求。公路运输加速向现代物流的发展和融合，不仅是为了面对现有的国内市场的需求，同时更是为了应对经济全球化潮流和我国加入 WTO 后所带来的压力和挑战。在此背景下，近年来一些大型公路运输企业的物流意识迅速增强，一些先进的企业已开始从单纯的客货运公司发展成为能够提供多种物流服务的现代物流公司。

随着区域经济的发展以及公路基础设施和车辆的不断改进，中长距离公路运输需求增加，公路货运向快速、长途、重载方向发展。大吨位、重型专用运输车因高速安全、单位运输成本低而成为我国未来公路运输车辆的主力。专用车产品向重型化、专用功能强、技术含量高的方向发展。厢式运输车、罐式运输车、半挂汽车列车、集装箱专用运输车、大吨位柴油车，以及危险品、鲜活、冷藏等专用运输车辆，将围绕提高运输效率、降低能耗、确保运输安全的目标发展。

任务 5－2 公路运输托运单填制与业务受理

本任务涉及工作岗位	主对接工作岗位	★ 公路货运员
	参与工作岗位	★ 货运核算员
岗位工作关系	紧前工序	受理托运前的准备工作
	平行工序	接洽客户
	紧后工序	装车作业
岗位工作职责	1. 上岗前保持精神饱满，端庄大方； 2. 接受客户信息时要认真、详细、礼貌； 3. 要求建立客户档案，并保持良好的客情关系； 4. 与客户签订公路运输合同； 5. 能够按照客户提供的信息填制运单； 6. 填制单证时要认真、准确，杜绝错填、漏填； 7. 完成上级领导交给的其他工作任务	

（续表）

学习目标	知识目标	1. 识读公路运输货物托运单； 2. 掌握公路运输托运单的填制要求
	能力目标	1. 能够正确填写公路运输货物托运单； 2. 能够办理公路整车货物托运业务
	素养目标	1. 养成负责任的工作态度，认真细致的工作作风； 2. 养成自主学习的习惯，培养及时发现问题、独立处理问题的能力； 3. 与客户沟通时有较强的语言表达能力； 4. 能与小组成员协作完成工作

任务描述

小孙在一家生产电子产品的外资企业工作，所在部门是销售部。一天，销售部经理交给小孙一项任务，要求将500箱重量为10吨的数码产品发给北京的华泰电子销售公司。小孙首先想到了郊区的公路物流货运中心，接下来他该怎么做?

根据所给信息完成以下活动。

活动一：熟悉公路货物托运单的正确填制。

活动二：按照公路运输部门的操作程序完成业务受理。

课前准备

课前利用教学资源库、教材、网络或到图书馆、书店，查阅有关公路货物运输受理托运的流程及基本要求等知识。

任务实施

活动一：熟悉公路货物托运单的正确填制

知识链接

一、公路货物运输合同（运单）的组成

无论是整车、零担，还是联运的货物，在承运时都应填写联运公司货物托运单。它是承运、托运双方订立的运输合同或运输合同证明，规定了货物承运期间双方的权利和责任。常用的汽车货物托运单和货物清单分别如表5-1所示和表5-2所示。

托运单是货主（托运方）与承运单位（承运方）之间签订的货运合同。由货主填写托运单经运输单位审核双方签章后，具有法律效力。托运单确定了承运方与托运方在货物运输中的权利、义务和责任，是货主托运货物的原始凭证，也是运输单位承运货物的原始依据。

表 5-1　汽车货物托运单

托运人(单位)：　　　　经办人：　　　　电话：　　　　地址：　　　　托运单编号：

发货人		地址		电话		装货地点				厂休日	
收货人		地址		电话		卸货地点				厂休日	
付款人		地址		电话		约定起运时间	月　日	约定到达时间	月　日	需要车种	

货物名称及规格	包装形式	件数	体积/立方米（长×宽×高）	件重/千克	质量/吨	保险、保价价格	货物等级	计费项目	计算质量	单价
								运费		
								装卸费		
合计							计费里程			

托运人记载事项		付款人银行账号	承运人记载事项		承运人银行账号
注意事项	1. 托运人请勿填写粗线栏内项目。 2. 货物名称应填写具体品名，如货物品名过多，不能在托运单内逐一填写，必须另附货物清单。 3. 保险或保价货物，在相应价格栏中填写货物声明价格。		托运人签章 年　月　日		承运人签章 年　月　日

【说明】① 填在一张货物托运单内的必须属于同一托运人。对于拼装分卸货物，应将拼装或分卸情况在托运单记事栏内注明。易腐蚀货物、易碎货物、易溢漏的液体、危险货物与普通货物，以及性质相抵触、运输条件不同的货物，不得用同一张托运单托运。托运人、承运人修改运单时，须签字盖章。

② 本托运单一式二联：第一联作为受理存根，第二联作为托运回执。

表 5-2　汽车货物清单

起运地点：　　　　　　　　　　　　　　　　运单号码：

编号	货物名称及规格	包装形式	件数	新旧程度	体积/立方米（长×宽×高）	质量/千克	保险、保价价格
备注							

托运人：　　　　　　　　　　　　　　　　承运人(签章)：

月　日

【说明】凡不属于同品名、同规格、同包装的，以及搬家货物，在一张货物托运单上不能逐一填写的，可提交货物清单。

二、公路货物运输合同(运单)的内容

公路货物运单的内容主要包括：托运人、收货人和承运人名称、地址、电话、邮政编码；货物名称、性质、质量、数量、体积；卸货地点、运距；货物的包装方式；承运日期和运到期限；运输质损；装卸责任；货物价值，是否保价、保险；运输费用的结算方式；违约责任；解决争议方法等。

关键练习

对托运单的主要内容进行描述。

活动二：按照公路运输部门的操作程序完成业务受理

知识链接

公路运输托运与受理作业程序如图5-7所示。

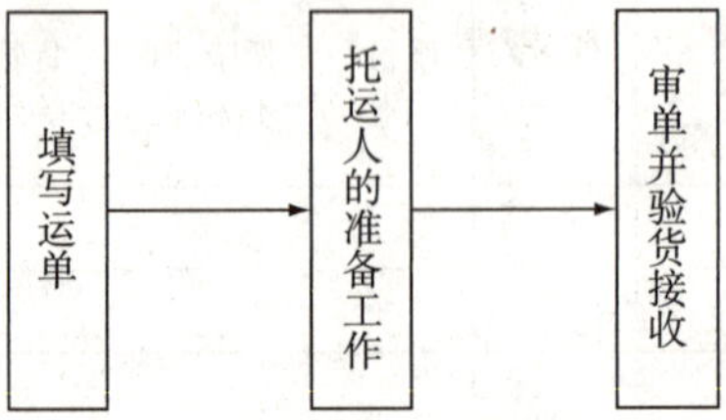

图5-7　公路运输托运与受理作业程序

一、填写运单

（1）准确填写托运人、承运人的名称、地址、电话等。

（2）准确填写货物的名称、规格、包装形式、件数等。

（3）准确填写运单中其他有关事项。

（4）一张托运单上填写的货物，必须属于同一托运人、收货人。托运的货物不能在一张运单内逐一填写的，应填写货物清单。

（5）危险货物、易污染其他货物的货物、与普通货物及性质相抵触的货物等，不得使用同一张运单。

（6）托运特种货物应在托运单中注明运输条件和注意事项。

（7）托运单应使用圆珠笔或钢笔填写，不能使用铅笔。要求字迹清晰、内容准确，如需更改，必须在更改处签字或盖章。

二、托运人的准备工作

（1）托运的货物中不得夹带危险货物、贵重货物、鲜活易腐货物、易污染货物、货币、有价证券，以及政府禁止或限制运输的货物。

（2）运输中需要饲养或照料的动物和植物、精密仪器、文物、军械枪支弹药、货币、有价证券、重要票证等，托运人必须派人押运，同时在托运单中注明押运人员的姓名及必要情况等。

（3）托运人应根据货物性质和运输要求进行包装，并正确使用运输标志和包装储运图。

三、审查货物运单并验货接收

货物承运是指承运方对托运的货物连同运单一起进行检查、核对和登记。货物承运自运输企业在托运单上加盖承运章，返还托运人提交的托运单的托运回执开始。

（1）审核货物的详细情况，根据具体情况决定是否受理。

（2）检查有无必要的准运凭证。

（3）审核有无特殊要求，以及承托双方商定的有关事项。

（4）查验货物种类、规格、件数和包装，确认是否和运单填写的一致，并查看包装是否符合要求。

（5）确定货物运费和杂费。

（6）托运单编号及分送。托运单认定后应编写托运单的托运号码，然后通知调度和运营部门。

(7) 加盖承运章就表明了承运的开始，即运输企业从接受了承运人的委托开始承担运输责任。

关键练习

1. 描述托运单填制的具体要求。
2. 分组模拟托运人、承运人办理运输业务。

知识拓展

公路货运重在装备

目前，我国公路货运体系中最突出的问题主要是运输装备水平和运输组织方式比较落后，而运输管理体制又是制约这方面改进和发展的重要因素。因此，现阶段，公路货运现代化建设应当以改善和提高货运装备的水平、优化货运车辆结构为重点，以规范市场竞争秩序和建立良好的运输市场环境为条件，以深化运输管理体制改革和调整运输管理政策为推动力，带动运输组织形式和运输组织结构的优化。

公路货运的发展方向在于进一步提高专业化水平，向物流全过程服务拓展，实现公路货物运输市场主体向以大型企业为主导的多元化格局的转变。公路货运装备的发展要符合公路货运发展的要求，要大力推进运输装备的专用化、高效化、标准化和信息化，要进一步提高运输装备的安全性和适应性，要满足先进运输组织技术的要求。

从发达国家经验来看，公路货运汽车发展的方向是大吨位车和小吨位车双向发展，大吨位车主要用于区际货物运输，小吨位车则在市区内运输集散。中长途公路货运装备发展的方向是大吨位、专用化、低能耗和高可靠性，发展重点是半挂汽车列车，而重中之重是厢式半挂车。

任务5-3 计划排单与车辆调度

<table>
<tr><td colspan="2" rowspan="2">本任务涉及工作岗位</td><td>主对接工作岗位</td><td>★ 车辆调度员</td></tr>
<tr><td>参与工作岗位</td><td>★ 装卸工、货运员</td></tr>
<tr><td rowspan="3">岗位工作关系</td><td colspan="2">紧前工序</td><td>受理托运</td></tr>
<tr><td colspan="2">平行工序</td><td>到货通知</td></tr>
<tr><td colspan="2">紧后工序</td><td>到达交付</td></tr>
<tr><td>岗位工作职责</td><td colspan="3">1. 协助落实货场的作业规范和管理制度；
2. 合理使用货场货位和搬运设施，并对其进行适当的维护；
3. 协助进行有关货损货差等异常情况的调查、原因分析、责任落实和改进措施的落实；
4. 组织正确、安全地执行货物装卸、搬运、堆码与保护等作业指令；
5. 负责装完货后向货运核算员转交相关单据；
6. 加强装卸组织工作，严防装卸事故的发生。</td></tr>
</table>

（续表）

学习目标	知识目标	1. 了解公路运输装车前准备作业的内容； 2. 了解公路运输装车作业的要求； 3. 识读公路运输货运记录单
	能力目标	1. 能够正确填写公路运输货运记录单； 2. 能够按规定完成公路运输装车作业
	素养目标	1. 养成严谨、认真、细致的工作态度； 2. 养成自主学习的习惯，培养及时发现问题、独立处理问题的能力； 3. 树立安全第一、预防为主的安全生产意识； 4. 能与小组成员协作完成工作

任务描述

小孙在一家生产电子产品的外资企业工作，所在部门是销售部。一天，销售部经理交给小孙一项任务，要求将500箱重量为10吨的数码产品发给北京的华泰电子销售公司。小孙首先想到了郊区的公路物流货运中心，在与其办理了承运手续后，该物流中心该怎么做？

根据所给信息完成以下活动。

活动一：编制货物运输计划。

活动二：发布调度命令。

课前准备

课前利用教学资源库、教材、网络或到图书馆、书店，查阅有关公路货物运输在装卸货物时的具体操作要求和规范，了解装卸作业流程。

任务实施

活动一：编制货物运输计划

知识链接

一、编制货物运输计划

计划调度根据本站始发及转运货物的运单需求和陆运月度操作计划要求，根据本站实际资源，平衡运力与运量、流向与流量，从陆运月度操作计划中选择合理路径，并以运输计划单形式向执行调度下达作业指令的操作环节。

二、货物运输计划编制的程序

同向运输任务量→确定运力→进行综合平衡→计划调整。

三、计划排单的注意事项

（1）同一方向，但两点距离超过200千米的，除远距离的货物比重大外，两点不集拼，无营业网点不集拼。

(2) 不得出现为了不集拼故意使用小车运送。

(3) 选择合适的车辆装载集拼后的货物,实现车辆匹配,总重量与荷载相符。

(4) 保证车辆按班次、网点定线行驶。

(5) 车辆的行驶及装卸时间严格按照公司所规定作业时限执行,以满足客户要求。

(6) 车辆有效作业里程最大化。

关键练习

学生分组根据所给信息编制运输计划。

活动二:发布调度命令

知识链接

整车发送调度作业程序如下。

一、发布调度命令

应首先详细了解现场情况,正确、完整、清晰地书写命令内容及受令人员和车辆,先拟后发,发布时要及时核对。调度命令如涉及其他单位或个人,应同时给发。另外,还须了解影响运输路线和时间进度调度安排的因素,具体如下。

(1) 车辆额载重量的最大化。

(2) 车辆利用最大化。

(3) 距离最小化。

(4) 花费时间最小化。

(5) 满足客户在成本、服务及时间方面的要求,并满足在车辆载重量和司机工作时间方面的法律规定。

(6) 增加每辆车所装载的货物,从而增加运输载重量。

(7) 计划合理的送货路线,避免重复行驶。

(8) 保持按计划的日常性的送货,避免特殊的送货。

(9) 必要时,通过改变订单最小规模,减少送货的频率。

(10) 安排返回送货,限制空载。

(11) 减少司机的非驾驶时间,与客户协调,使无效等待时间最小化。

二、登记调度命令

调度员在发布命令时应先在调度安排表内登记,然后发布。发、收调度命令时,须填记调度安排表(见表5-3)。

表5-3 调度安排表

月日	发出时刻	命令			复核人姓名	受令人姓名	调度员姓名	阅读时刻
		号码	受令及抄知处所	内容				

三、交付调度命令

（1）调度员向司机、车队长发布调度安排。

（2）接受调度安排的司机或单位在整个完成任务的过程中应翔实填写车辆使用情况登记表（见表5-4）。

表5-4　车辆使用情况登记表

车牌号码：　　　　　　　　　　　　　　　　　　　　　　　　　　司机姓名：

发车时间	出发地点	发前里程数	发前油表读数	事　由	返回后里程数	返回后油表读数	证明人签名

想一想

如果你是一名货运司机，在出发前、返程后应注意车辆的哪些基本信息？

关键练习

学生分组根据扮演不同角色正确完成调度作业程序。

知识拓展

高速公路运输常识

（一）进入高速公路前，要进行车辆安全机件检查；行驶中要密切注意车辆的异常现象。

（二）驾驶员、前排乘员和后排安装了安全带的座位上的乘员都要系好安全带。

（三）各种车辆按规定在其各自的行车道上行驶，不能长时间占用超车道。

（四）车辆在高速公路上长时间超速行驶会使轮胎过热，胎内气压过高，轮胎的抗暴强度降低，易出现突然爆破，极易发生事故。

（五）保持行车安全距离，防止发生追尾。

（六）严禁在高速公路上倒车、逆行或穿越中央分隔带掉头、转弯。

（七）高速公路上不能随意停车，确因车辆故障需要临时停车检修时，必须驶离行车道，停在紧急停车带或右侧路肩上，并开启危险报警闪光灯和在行驶方向的后方100米处设置故障警告标志，夜间还须同时开启示宽灯和尾灯。

（八）除因停车驶入或驶出紧急停车带和路肩外，不能在紧急停车带和路肩上行车。

（九）长时间驾驶车辆易产生疲劳，会出现高速行驶催眠现象，引起对速度的麻痹感，应采取调整车速、观察路边信息，或者到服务区休息等做法消除疲劳。

（十）雾、雨、雪、大风等恶劣气候，应集中精力，注意路况，降低车速，谨慎驾驶。如果有限速提示，应按提示速度行驶。路面行车没有安全保障时，应驶入服务区暂避，或者听从交通警察指挥驶离高速公路。

任务5-4　运输过程跟踪管理

本任务涉及工作岗位	主对接工作岗位	★ 货运信息员
	参与工作岗位	★ 货运员
岗位工作关系	紧前工序	发运作业
	平行工序	运输作业
	紧后工序	交付作业
岗位工作职责	1. 落实货场的作业规范和管理制度； 2. 货物到站后，除另有约定外应及时向收货人发出到货通知； 3. 货物未交付前，承运人应做好保管工作； 4. 要求收货人或其代理人出具领取货物的有效证明； 5. 应当按运单列明的货物件数清点后交付收货人，如货物短缺、损坏时，应会同收货人当场查验并填写记录； 6. 对已交付的货物做好登记工作	
学习目标	知识目标	1. 了解公路运输货物交付时所需的手续； 2. 掌握公路运输无法交付货物的认定条件
	能力目标	1. 能够及时发出到货通知； 2. 能够认定并处理无法交付的货物
	素养目标	1. 养成严谨、认真、细致的工作态度和职业责任感； 2. 养成自主学习的习惯，培养及时发现问题、独立处理问题的能力； 3. 能比较自如地与外部工作人员进行有效沟通，养成良好的语言沟通能力和书面表达能力； 4. 能与小组成员协作完成工作

任务描述

小孙在一家生产电子产品的外资企业工作，所在部门是销售部。一天，销售部经理交给小孙一项任务，要求将500箱重量为10吨的数码产品发给北京的华泰电子销售公司。小孙首先想到了郊区的公路物流货运中心，并与其办理了承运手续。货运在该物流货运中心完成了排单和车辆调度后开始运输，此后信息员应如何做？

根据所给信息完成以下活动。

活动一：完成车辆的跟踪作业。

活动二：如果运输过程中出现意外事件，能按规定进行应急处理。

课前准备

课前利用教学资源库、教材、网络或到图书馆、书店，查阅有关公路在运输过程中所使用的先进技术。

任务实施

活动一：完成车辆的跟踪作业

知识链接

一、全球定位系统

全球定位系统（Global Positioning System，GPS）是具有在海、陆、空进行全方位实时三维导航与定位能力的系统。GPS广泛应用在车船定位、货物跟踪上，取得了较好效果。GPS具有以下特点。

（1）定位精度高。

（2）观测时间短。

（3）测站间无须通视。

（4）可提供三维坐标。

（5）操作简便。

（6）全天候作业。

（7）功能多、应用广。

想一想

在生活中你是否使用过GPS导航系统？它能帮助你完成哪些任务？

二、地理信息系统

地理信息系统（Geographic Information System，GIS）是以地理空间数据为基础，采用地理模型分析方法，适时提供多种动态空间地理信息的计算机技术系统。该技术应用于运输和配送系统中，可进行运输和配送方案的优化决策。物流运输系统中GIS的主要功能如下。

（1）通过客户提供的详细地址，确定客户的地理位置。

（2）显示客户的地理位置，用不同的符号表示不同类型的客户。

（3）通过GIS的查询功能或在地图上单击客户符号，显示此客户符号的属性信息，并可以编辑属性。

（4）在地图上查询客户的位置及客户周围的环境，以发现潜在客户。

（5）通过业务系统调用GIS，以图形的方式显示业务系统的各种相关操作结果的数值信息。

（6）通过基于GIS的查询、地图表现和辅助决策，实现对车辆的调度、路线的合理编辑和客户运输排序。

（7）基于GIS的运输调度和路线规划，根据用户需求、司机和车辆情况及道路网络数据，利用GIS的网络分析技术、车辆调度和路线规划模型生成调度方案，制订运输计划。

GPS与GIS结合，可以将目标的准确位置、状态和运输轨迹直观地显示在电子地图上。

关键练习

学生通过模拟训练了解GPS和GIS的功能。

活动二：如果运输过程中出现意外事件，能按规定进行应急处理

知识链接

途中意外事件的应急处理注意事项如下。

运输企业在承运责任期内对承运的货物，应履行责任运输。承运责任期是指自签订运输合同或托运单之时起，至货物交付收货人之日止的期间。在承运责任期内，因装卸、运送、保管、交付等所发生的差错损坏而造成经济损失的事项，称为货运商务事故。具体包括由于水灾、被盗、丢失、破损、湿损、污染、腐坏等原因形成的商务事故。企业在发生货运事故时，车站应会同有关部门进行鉴定，编制事故记录，并及时做出处理。

在货运商务事故发生时，为尽量减少经济损失，车站应及时派人到现场进行查找抢救。对被盗、丢失、短少的货物，应详细检查车辆和货物包装破坏状态及短少货物的具体情况，编制事故记录，由公安人员在记录上签字；对破损、湿损、污损、腐坏的货物，应立即采取措施挽救，防止损失扩大；对错交、错运、错装、错卸、漏装、漏卸的货物，发现站应迅速将货物运交到达站，并填写商务事故记录单分送有关单位；对于在到达站发现的事故，应及时查明下落，如属运输企业责任，应无偿将差错货物运至到达站交付，由此发生的运输误期，应按合同要求支付违约金；对重大事故、大事故应立即向上级主管部门和有关领导汇报。

在积极处理事故现场的同时，应尽快查明事故的原因，落实责任，以便从中吸取教训，改进工作。在货物承运期内发生的货运事故，一般由承运人负责；若因托运人的责任给承运方带来经济损失的或因捏报而造成他人生命财产损失的，除应由托运人负责赔偿外，还可提交有关部门进行处理；若因装卸原因造成损失的，由装卸部门负责赔偿。

关键练习

学生分组根据不同情况进行应急处理，描述其中要点。

知识拓展

高速公路运输紧急状况处理

车辆出现故障时，要把车辆移到紧急停车带或路肩上，不要停在行车道上，也不要让乘客在行车道上停留；不要自己进行检修，应立即用紧急电话通知交通警察或高速公路控制中心。车辆无法移出车道时，应在车身后100米处设置三角形的警告标志牌或打开危险报警闪光灯，告诫后车。在晚上及雾天、阴天等视野不佳情况下，还须打开尾灯及示宽灯。

当发现载运货物坠落时，特别是危险品或大件货物时，要立即用紧急电话通知高速公路控制中心，不要自己搬移，以免发生危险。

当高速公路出现阻滞现象时应随时注意可变标志牌的告示，或接受交通管理人员的引导；不要在路肩上或紧急停车带上行驶，这样会妨碍交通警察的车辆和救援车辆的通行。

任务5-5 公路货物运输运杂费组成分析

本任务涉及工作岗位		主对接工作岗位	★ 货运核算员
		参与工作岗位	★ 货运值班员
岗位工作关系	紧前工序		途中作业
	平行工序		领货凭证寄交
	紧后工序		货物交付
岗位工作职责	1. 熟悉公路运输承运具体操作程序； 2. 能够熟练进行运杂费的计算、收费制票； 3. 出现问题能独立按程序操作		
学习目标	知识目标	1. 了解公路货物运输运费的组成； 2. 掌握公路货物运输运杂费的简单计算	
	能力目标	1. 能根据各种实际情况完成公路运杂费的计算； 2. 能够根据程序完成公路运输费用的计算、收费、承运	
	素养目标	1. 养成面对单调、繁杂的工作时所需的严谨、认真、细致的工作态度； 2. 养成自主学习的习惯，培养及时发现问题、独立处理问题的能力； 3. 养成遵章守纪、严于律己的工作作风； 4. 能与小组成员协作完成工作	

任务描述

小孙在一家生产电子产品的外资企业工作，所在部门是销售部。一天，销售部经理交给小孙一项任务，要求将500箱重量为10吨的数码产品发给北京的华泰电子销售公司。小孙首先想到了郊区的公路物流货运中心，并与其办理了承运手续。试想物流中心收取的运杂费都有哪些？

根据所给信息完成以下活动。

活动一：了解公路货物运输运费的组成。

活动二：计算货物的运杂费。

课前准备

课前利用教学资源库、教材、网络或到图书馆、书店，查阅有关公路货物运杂费的相关知识并做好记录。

任务实施

活动一：了解公路货物运输运费的组成

知识链接

一、公路货物运输运费的构成

公路货物运输费包括运费和其他费用。运费是指公路承运人在运输货物时依照所运货物的种类、重量、运距而收取的费用。它是公路货物运输费用的重要组成部分。其他费用也称杂费，主要是指包括装卸费在内的公路货物运输中产生的相关费用。

1. 货物的基本运价

（1）整批货物基本运价。整批货物基本运价是指一整批普通货物在等级公路上运输的每吨千米运价，在计算整批货物运输运费的同时，按货物重量加收吨次数。

（2）零担货物基本运价。零担货物基本运价是指零担普通货物在等级公路上运输的每千克千米运价。

全国汽车货物基本运价平均按0.27元/吨千米控制。华东、中南、华北地区省份货物基本运价可按0.26～0.27元/吨千米安排；东北、西北、西南地区省份可按0.28～0.29元/吨千米安排；对少数边远山区和运输成本较高的省、自治区，执行本地区基本运价高限尚有困难的，可适当提高，但不得超过0.3元/吨千米。

（3）包车运价。计时包车货运计费时间以小时为单位，起码计费时间为4小时；使用时间超过4小时，按实际包用时间计算。整日包车，每日按8小时计算；使用时间超过8小时，按实际使用时间计算。时间尾数不足0.5小时舍去，达到0.5小时进整为1小时。包车运输以元/吨位小时为计费单位。

2. 确定货物的基本运价

（1）普通货物运价。普通货物运价实行分等计价，计价时以一等货物为基础，二等货物加成15%，三等货物加成30%。

（2）特种货物运价。特种货物运价分为长大笨重货物运价，危险货物运价和贵重、鲜活货物运价3种。

① 长大笨重货物运价：一级长大笨重货物运价在整批货物基本运价的基础上加成40%～60%；二级长大笨重货物运价在整批货物基本运价的基础上加成60%～80%。

② 危险货物运价：一级危险货物运价在整批（零担）货物基本运价的基础上加成60%～80%；二级危险货物运价在整批（零担）货物基本运价的基础上加成40%～60%。

③ 贵重、鲜活货物运价：贵重、鲜活货物运价在整批（零担）货物基本运价的基础上加成40%～60%。

普通车运输特种货物，执行特种货物运价。使用罐车、冷藏车及其他具有特殊构造和专门用途的专用车运输专项货物时，在整车货物基本运价的基础上加成30%。特种车辆运价和特种货物运价两个价目不准同时加成使用。

二、货物计费重量的确定

（一）一般货物

无论整批、零担货物，计费重量均按毛重计算。

(1) 整批货物吨以下计至100千克,尾数不足100千克的,四舍五入。

(2) 零担货物起码计费重量为1千克。重量在1千克以上,尾数不足1千克的,四舍五入。

(二) 轻泡货物

轻泡货物是指每立方米重量不足333千克的货物。

(1) 装运整批轻泡货物的高度、长度、宽度,以不超过有关道路交通安全规定为限度,按车辆标记吨位计算重量。

(2) 零担运输轻泡货物以货物包装最长、最宽、最高部位尺寸计算体积,按每立方米折合333千克计算重量。

(三) 包车运输货物

包车运输货物按车辆的标记吨位计算。

(四) 货物重量的确定

货物重量一般以起运地过磅为准。起运地不能或不便过磅的货物,由承托双方协商确定计费重量。

(五) 散装货物

散装货物,如砖、瓦、砂、石、土、矿石和木材等,按体积由各省、自治区、直辖市统一规定重量换算标准计算重量。

三、计费里程的确定

(一) 里程单位

货物运输计费里程以千米为单位,尾数不足1千米的,进整为1千米。

(二) 里程确定

(1) 货物运输的营运里程按交通部和各省、自治区、直辖市交通行政主管部门核定、颁发的营运里程图执行。营运里程图未核定的里程由承托双方共同测定或经协商按车辆实际运行里程计算。

(2) 货物运输的计费里程按装货地点至卸货地点的实际载货的营运里程计算。

(3) 因自然灾害造成道路中断,车辆需绕道行驶的,按实际行驶里程计算。

(4) 城市市区里程按当地交通主管部门确定的市区平均营运里程计算;当地交通主管部门未确定的,由承托双方协商确定。

关键练习

通过小组讨论公路运杂费的基本组成。

活动二:计算货物的运杂费

知识链接

一、公路货物运输运费的计算

计算公路货物运输费用时按照运输费用的构成逐项检查,确认无误后再进行计算。公路货物运输费用的计算步骤如下。

确定计费重量→确定货物等级→确定计费里程→确定计费时间→计算运费。

1. 整批货物运费计算公式

整批货物运费 = 吨次费 × 计费重量 + 整批货物运价 × 计费重量 × 计费里程 + 货物运输其他费用

式中,吨次费表示在计算整批货物运输费用的同时,按货物重量加收的费用。

2. 零担货物运费计算公式

零担货物运费 = 计费重量 × 计费里程 × 零担货物运价 + 货物运输其他费用

3. 集装箱货物运费计算公式

重(空)集装箱货物运费 = 重(空)箱运价 × 计费箱数 × 计费里程 + 箱次费 × 计费箱数 + 货物运输其他费用

式中,箱次费表示在计算汽车集装箱运输费用的同时,按不同箱型分别收取的费用。

二、公路货物运输其他费用的确定

公路货物运输其他费用包括装卸费、调车费、装货(箱)落实损失费、道路阻塞停运费、车辆处置费、运输变更手续费、车辆通行费、货物检验费、报关手续费、集装箱租箱费及取箱、送箱费等。

三、汽车货物运输运杂费的结算

(1) 货物运杂费在货物托运、起运时一次结清,也可按合同采用预付费用的方式,随运随结或运后结清。托运人或收货人不支付运费、保管费及其他运输费用的,承运人对相应的运输货物享有留置权,但当事人另有约定的除外。

(2) 运费尾数以元为单位,不足 1 元时四舍五入。

(3) 货物在运输过程中因不可抗力灭失,未收取运费的,承运人不得要求托运人支付运费;已收取运费的,托运人可以要求返还。

四、收款办法

运杂费的收款方式主要有以下几种。

(1) 预收费用方式,是指托运人在货物运输之前将运杂费预付给承运人,在结算时多退少补。

(2) 现金结算方式,是指按每次实际发生的运杂费总额向托运人收取现金。

(3) 托收结算方式,是指承运人先垫付运杂费,定期凭运单回执汇总所有费用总额,通过银行向托运人托收运费。

(4) 预交转账支票方式。

【实例】 卫华公路运输公司经营整车货运业务,其中整车业务的吨次费为 6 元/吨,运价为 0.3 元/吨千米。现有一批货物总重 30 吨,运输里程为 2 800 千米,此外还有道路通行费 2 300 元,装卸费 550 元千米。试计算运输总费用。

依据整车货物计费公式:

整车货物运费 =6 ×30 +0.3 ×30 ×2 800 +2 300 +550

=180 +25 200 +2 300 +550

=28 230(元)

关键练习

现有一批重 20 吨桶装油漆,按公路整车发运,吨次费为 8 元/吨,运价为 0.5 元/吨千米,装车地点到卸货地点的距离为 2 270 千米,装卸费用为 110 元,过路过桥费为 470 元,试计算该批货物的运输总费用。

知识拓展

汽车运价的调整

（一）在汽车运输成本构成中，燃料费用占的比例相当大，居第一位。因此，把节能放在第一位，就有可能降低汽车运输成本。例如，选用节油车或低价燃油车，开展以节约燃料为中心的节约革新活动。

（二）逐步发展大吨位柴油车，则可较大幅度地降低运输成本。目前，国外汽车都在向大型化、柴油化方向发展。

（三）努力改造现有公路，相应修建新公路，是降低汽车运输成本的重要途径。我国今后公路建设应该是改造现有公路与新建公路相结合，因为这对降低运输成本有显著的经济效果。

（四）降低汽车长途运价。我国的汽车运价制度曾在较长时期内不分长短途，实行一个运价，这不符合价值规律。因为短途运输的劳动消耗高于长途运输。调整汽车运价并在汽车运价总水平保持不变或略有降低的情况下，使汽车与铁路运输比价趋于合理。

（五）建设信息网络，使资源共享，减少回程空车。

考核评价

一、自我评价

1. 自我考核

（1）填写公路运单时的注意事项。

（2）计划排单和车辆调度应遵循的原则。

（3）比较 GPS 和 GIS 两个系统的异同。

2. 学生自评

学生自评，详见表 5-5，40 分。

表 5-5　学生自评

序　号	评价内容（每项 10 分）	得　分	亮　点
1	课前知识查阅完成情况		
2	课前、课中与人沟通、协作表现		
3	任务完成情况		
4	课前、课中学习、工作态度表现		

二、小组（同学）评价

小组（同学）评价，详见表 5-6，30 分。

表 5-6　小组（同学）评价

序　号	评价内容（每项 10 分）	得　分	亮　点
1	课中学习、工作态度表现		
2	课中与人沟通、协作表现		
3	课程重点知识掌握情况		

三、教师评价

教师评价,详见表5-7,30分。

表5-7　教师评价

序　号	评价内容(每项10分)	得　分	亮　点
1	课前知识查阅效果		
2	课中参与、协作情况		
3	掌握知识、技能效果		

学习项目6 公路零担运输业务

任务6－1　公路零担运输业务办理

本任务涉及工作岗位	主对接工作岗位	★ 公路货运员
	参与工作岗位	★ 货运核算员
岗位工作关系	紧前工序	受理托运前的准备工作
	平行工序	接洽客户
	紧后工序	装车作业
岗位工作职责	1. 上岗前保持精神饱满，端庄大方； 2. 接受客户信息时要认真、详细、礼貌； 3. 要求建立客户档案，并保持良好的客情关系； 4. 与客户签订公路运输合同； 5. 能够按照客户提供的信息填制运单； 6. 填制单证时要认真、准确，杜绝错填、漏填； 7. 完成上级领导交给的其他工作任务	
学习目标	知识目标	1. 识读公路运输货物托运单； 2. 掌握公路运输货物运单的填制要求
	能力目标	1. 能够正确填写公路运输货物托运单； 2. 能够办理公路运输零担托运业务
	素养目标	1. 养成负责任的工作态度，认真细致的工作作风； 2. 养成自主学习的习惯，培养及时发现问题、独立处理问题的能力； 3. 与客户沟通时有较强的语言表达能力； 4. 能与小组成员协作完成工作

任务描述

小孙在一家生产电子产品的外资企业工作，所在部门是销售部。一天，销售部经理交给了小孙一项任务，要求将500箱数码产品分发给各地的销售点。小孙首先想到了郊区的公路物流货运中心，接下来他该怎么做？

根据所给信息完成以下活动。

活动一：了解零担货物运输。

活动二:按照公路运输部门的作业程序完成业务受理。

课前准备

课前利用教学资源库、教材、网络或到图书馆、书店,查阅有关公路零担运输受理托运的流程及基本要求等知识。

任务实施

活动一:了解零担货物运输

知识链接

一、零担货物运输

零担货物运输是与整车货物运输相对而言的,凡托运人一次托运计费重量不足3吨的货物,称为零担货物。零担货物运输是汽车运输企业为适应零星货物运输的需要,采用一车多票,集零为整,分线运送的一种货物运输的营运方式。限于零担车厢的结构和装卸条件,按件托运的零担货物单件重量不超过200千克;单件体积一般不小于0.01立方米,不超过1.5立方米;货物最长部位不超过3.5米,最宽部位不超过1.5米,最高部位不超过1.3米。

公路零担货物具有数量小、批次多、包装不一、品种繁杂、到站分散的特点。经营零担运输需要库房、货棚、货场等设施,以及与之配套的装卸、搬运、堆码的机械工具和苫垫设备;在受理运输过程中,验收、检斤、量方、仓储保管、配套发放、跨区跨省中转结驳、运费结算等方面,都有其独特的作业程序和要求,因而与整车货运相比,在经营管理上有更高的要求。公路零担货物通常采用定期零担货运班车和不定期零担货运班车两种运输方式。

二、受理托运

(一)受理托运的概念

受理托运是指零担货物承运人根据营运范围内的线路、站点、运距、中转车站、各车站的装卸能力、货物的性质及收运限制等业务规则和有关规定,接受零担货物,办理托运手续。受理托运是零担货物运输作业中的首要一环。由于零担货运线路站点多、货物品类繁杂、包装形状各异、性质不一,因此受理人必须熟知营运范围内的线路、站点、运距、中转范围、车站装卸能力、货物的理化性质及收运限制等一系列业务规则及有关规定。

(二)受理托运的方法

在受理托运时,可根据受理零担货物数量、运距及车站作业能力采用不同的受理制度和方法,如随时受理制、预先审批制、日历承运制等,或站点受理、上门受理、预约受理等。

1. 随时受理制

这种受理制度对托运日期无具体的规定,在营业时间内,发货人均可随时将货物送到托运站办理托运。这一制度为货主提供了很大的方便。但这种受理制度也有其局限性,如事先不能组织货源、缺乏计划性，因此，货物在库时间长、设备利用率低。在实际零担货物运输中，这一受理制度常被作业量小的货运站、急运货运站，以及始发量小、中转量大的中转货运站采用。

2. 预先审批制

预先审批制要求发货人事先向货运站提出申请，车站再根据各个发货方向及站别的运量，结合站内设备和作业能力加以平衡，分别指定日期进货集结，组成零担班车。

3. 日历承运制

日历承运制是指货运站根据零担货物流量和流向规律，编写承运日期表，事先公布，发货人则按规定日期来站办理托运手续。

采用日历承运制可以有计划、有组织地进行零担货物运输，便于将去向和到站比较分散的零担货流合理集中；组织直达零担班车，可以均衡安排运站每日承担零担货物的数量；合理使用货运设备，便于物资部门安排生产和物资调拨计划，提前做好货物托运准备工作。

三、托运单填写时应注意的事项

（1）重量的单位为千克，体积的单位为立方米。

（2）托盘货要分别注明托盘的重量、尺寸和货物本身的重量、尺寸。

（3）运费付款方式一般有运费预付和运费到付两种。

（4）托运日期：按受理托运日期填写。

（5）托运单不得空项、涂改，字迹应清晰，且符合财务要求。

想一想

在生活中你使用过快递服务吗？寄送货物时是否按要求填写了托运单？

关键练习

学生分组讨论零担货物运输的方法。

活动二：按照公路运输部门的作业程序完成业务受理

知识链接

一、公路零担运输托运与受理作业程序

1. 受理托运

要求公布办理零担的线路、站点、班期及里程运价；张贴托运须知；办理托运。

2. 核对运单

核对运单有无涂改；核对到站与收货人地址是否相符；鉴别货物品名和属性；核对包装、件数、包装标志；核对是否夹带受限物品。

3. 检查包装

检查包装优劣；发现应包装的货物没有包装或应有内包装的货物无内包装的应该重新包装。

4. 过磅

过磅、量方作业；司磅员、托运人在托运单上签字。

5. 粘贴标签、标志

认真填写标签内容；贴在每件货物两端或正面明显处。

6. 货物入库

验收货物；保持仓库内整洁；以票对货，票票不漏，待运货物要入库；库房要通风、防潮、防火。

7. 配载装车

按车辆容载量和货物情况进行配载；将各种随货单附于交接清单后；核对货物堆放位置、标识；装车。

8. 卸车交接

到站，交接货物交接单和有关单证；货运员向卸车人员说明有关要求和注意事项；卸车完毕，办理交接手续，催促收货人前来提货。

二、公路零担货物运输注意事项

（1）零担托运受限条件多。

（2）受理托运的方法：随时托运、预先审批、日历托运。

（3）检查每件货物是否有货物标识。

（4）运单和货物标识是否一致。

（5）不能用信用卡、白条交付货物运费。

（6）交货时，应持有货物清单有关凭证。

关键练习

分组作业，角色扮演模拟托运人、承运人、运单审核员、监装员、监卸员等办理运输业务。

知识拓展

零担货运站

汽车零担货运站（简称“零担站”）是专门从事公路零担货物运输业务的基地，是货物运输重要的基础设施之一。它集零担货物的收集、整理、仓储、编组、装运、中转、分发、交付等环节于一体，实现零担货物运输各个环节间的衔接与贯通。汽车零担货运站不仅为货主提供“优质，安全，迅速，经济，方便”的运输服务，促进公路货运市场有形化，而且对于完善货运网络、发展综合运输具有十分重要的意义。根据汽车零担货运站年工作量，即汽车零担货运站年货物吞吐量，可将汽车零担货运站划分为一、二、三级。

货物吞吐量指报告期内汽车零担货运站发出和到达的零担货物的数量，包括中转收、发量的总和。一级站年货物吞吐量在60 000吨以上；二级站年货物吞吐量在20 000吨以上，但不足60 000吨；三级站年货物吞吐量在20 000吨以下。

任务6-2 货物配载和装车

<table>
<tr><td colspan="2" rowspan="2">本任务涉及工作岗位</td><td>主对接工作岗位</td><td>★ 车辆调度员、监装员</td></tr>
<tr><td>参与工作岗位</td><td>★ 装卸工、货运员</td></tr>
<tr><td rowspan="3">岗位工作关系</td><td colspan="2">紧前工序</td><td>受理托运</td></tr>
<tr><td colspan="2">平行工序</td><td>到货通知</td></tr>
<tr><td colspan="2">紧后工序</td><td>到达交付</td></tr>
<tr><td>岗位工作职责</td><td colspan="3">1. 协助落实货场的作业规范和管理制度；
2. 合理使用货场货位和搬运设施，并对其进行适当的维护；
3. 协助进行有关货损货差等异常情况的调查、原因分析、责任落实和改进措施的落实；
4. 组织正确、安全地执行货物装卸、搬运、堆码与保护等作业指令；
5. 负责装完货后向货运核算员转交相关单据；
6. 加强装卸组织工作，严防装卸事故的发生</td></tr>
<tr><td rowspan="3">学习目标</td><td>知识目标</td><td colspan="2">1. 了解公路零担运输装车前准备作业的内容；
2. 了解公路零担运输装车作业的要求</td></tr>
<tr><td>能力目标</td><td colspan="2">1. 能够正确填写公路运输货运记录单；
2. 能够按规定完成公路运输零担装车作业</td></tr>
<tr><td>素养目标</td><td colspan="2">1. 养成严谨、认真、细致的工作态度；
2. 养成自主学习的习惯，培养及时发现问题、独立处理问题的能力；
3. 树立安全第一、预防为主的安全生产意识；
4. 能与小组成员协作完成工作</td></tr>
</table>

任务描述

小孙在一家生产电子产品的外资企业工作，所在部门是销售部。一天，销售部经理交给了小孙一项任务，要求将500箱数码产品分发给各地的销售点。小孙首先想到了郊区的公路物流货运中心，并与其办理了承运手续后。该物流中心下一步应怎么做？

根据所给信息完成以下活动。

活动一：了解货物配载和装车的基本知识。

活动二：描述配载和装车的基本步骤。

课前准备

课前利用教学资源库、教材、网络或到图书馆、书店，查阅有关公路运输货物配载和装车的基本知识和作业流程。

任务实施

活动一：了解货物配载和装车的基本知识

知识链接

一、零担货物配载装车的原则

(1) 中转先运、急件先运、先托先运。

(2) 尽量采用直达式，必须中转的货物要合理安排流向。

(3) 充分利用车辆载货量和容积。

(4) 严格执行货物混装限制的规定。

(5) 加强预报中途各站的待运量，并尽可能使同站装卸的货物在质量及体积上相适应。

二、装车的准备工作

(1) 按车辆容载量和货物的形状、性质进行合理配载，填制货物交接单。填单时应按货物先远后近、先重后轻、先大后小、先方后圆的顺序填写，以便按顺序装车，对不同到达站和中转站的货物要分单填制。

(2) 将整理好的各种随货单证分附于交接清单后面。

(3) 按单核对货物堆放位置，做好装车标记。

三、装车

(1) 检查零担车车体、车门、车窗是否良好，车内是否干净。

(2) 将贵重物品放在防压、防撞的位置以保证运输安全。

(3) 作业时应当轻装轻卸，堆码整齐；注意清点数量，防止混杂、撒漏、破损。

(4) 装车完毕后要复查货位，以免错装、漏装。

(5) 驾驶员(或随车理货员)清点随车单证并签单确认。

(6) 检查车辆关锁及捆扎情况。

关键练习

学生分组讨论零担货物配载装车的原则。

活动二：描述配载和装车的基本步骤

知识链接

货物配载装车作业程序如下。

一、装车作业任务交代

货物装车前，仓库管理员需要向装卸工人交代货物品名、件数、装车次序和装载要求等。

二、装车作业

（1）装车前应对车辆进行清扫，保证使用的车辆干净，无污染物和残留物。

（2）检查车辆状况是否良好。

（3）装车前认真检查运单填记内容是否齐全，并根据运单核对货物的品种、件数、包装等是否和运单记载的内容一致。

（4）装载时注意均衡分布货物，货物的总重心尽量位于车辆纵横中心线的交叉点上，防止偏载偏重。

（5）充分利用车辆载重量和容积，组织轻重配装、大小配装，货物堆放要牢固紧密，以防运行中由于惯力造成的倒塌、包装破损、坠落等。

三、苫盖和捆扎加固

装车作业完成后，对于怕湿怕晒货物，应苫盖篷布并捆扎牢固。苫盖篷布时要保证篷布没有破损，绳索齐全。苫盖易于损坏篷布的货物时，应在篷布和货物之间采取防磨措施。同时保证篷布苫盖平整、货物不外露；顶部起脊，没有凹陷；篷布绳索拴结正确，绳结牢固。

四、检查与交接

货物装车完毕后，驾驶员应认真检查货物的装载及苫盖捆扎情况，并仔细清点随货单证，确认无误后在货物交接单上签字。

关键练习

学生分组根据所给信息描述配载装车的程序。

知识拓展

车辆积载的要点

- 轻重搭配：重不压轻。
- 大小搭配：大不压小。
- 货物性质搭配：尽可能保持一致。
- 到达同一地点的适合配载的货物应尽可能一次积载。
- 确定合理的堆码层次与方法，有规律，要整齐。
- 积载时不允许超过车辆所允许的最大载重量。
- 积载时车厢内货物重量应分布均匀。
- 应防止车厢内货物之间碰撞、相互玷污。
- 货物在横向上不得超出车厢宽度。

任务6-3 运输优化

<table>
<tr><td colspan="2" rowspan="2">本任务涉及工作岗位</td><td>主对接工作岗位</td><td>★ 货运调度员</td></tr>
<tr><td>参与工作岗位</td><td>★ 货运员</td></tr>
<tr><td rowspan="3">岗位工作关系</td><td colspan="2">紧前工序</td><td>发运作业</td></tr>
<tr><td colspan="2">平行工序</td><td>运输作业</td></tr>
<tr><td colspan="2">紧后工序</td><td>交付作业</td></tr>
<tr><td>岗位工作职责</td><td colspan="3">1. 落实货场车辆的作业规范和管理制度；
2. 货物承运后，按照操作程序进行运输车辆、运输路线、运输方式等的优化和调度；
3. 有能力，也有责任为企业降低成本</td></tr>
<tr><td rowspan="3">学习目标</td><td>知识目标</td><td colspan="2">1. 熟悉公路货物运输路线；
2. 掌握优化公路运输的方法</td></tr>
<tr><td>能力目标</td><td colspan="2">1. 能够避免不合理的运输；
2. 能够正确规划合理的运输</td></tr>
<tr><td>素养目标</td><td colspan="2">1. 养成严谨、认真、细致的工作态度和职业责任感；
2. 养成自主学习的习惯，培养及时发现问题、独立处理问题的能力；
3. 能比较自如地与外部工作人员进行有效沟通，养成良好的语言沟通能力和书面表达能力；
4. 能与小组成员协作完成工作</td></tr>
</table>

任务描述

小孙在一家生产电子产品的外资企业工作，所在部门是销售部。一天，销售部经理交给了小孙一项任务，要求将500箱重量为10吨的数码产品发给北京的华泰电子销售公司。小孙首先想到了郊区的公路物流货运中心，并与其办理了承运手续，而后该物流中心完成了排单，开始车辆调度。试想调度员如何根据所给信息优化运输？

根据所给信息完成以下活动。

活动：了解影响运输合理化的因素及优化途径。

课前准备

课前利用教学资源库、教材、网络或到图书馆、书店，查阅在公路运输过程中所使用的相关先进理念与技术。

任务实施

活动：了解影响运输合理化的因素及优化途径

知识链接

一、运输线路的选择

由于在整个物流成本中运输成本占1/3～2/3，因而运输路线选择的关键就是找到最佳路线，尽可能地缩短运输时间或运输距离，以最大化地利用运输设备和人员，从而在运输成本降低的同时提高运输效率及服务质量。

二、运输合理化

（一）运输合理化的含义

所谓运输合理化，就是在一定的产销条件下，货物的运量、运距、流向和中转环节合理，能以最适宜的运输工具、最低的运输费用、最少的运输环节、最佳的运输线路、最快的运输速度，将物资产品从原产地转移到规定地点。

（二）运输合理化的影响因素

影响物流运输合理化的因素很多，起决定性作用的有5个，称作合理运输的“五要素”。

1. 运输距离

在运输过程中，由于运输时间、运输运费等若干技术经济指标都与运输距离有一定的关系，因此，运距长短是衡量运输是否合理的一个最基本的因素。

2. 运输环节

每增加一个运输环节，势必要增加运输的附属活动，如装卸、包装等，各项技术经济指标也会因此发生变化，因此减少运输环节对运输合理化有一定的促进作用。

3. 运输工具

各种运输工具都有其优势领域，对运输工具进行优化，选择最大限度地发挥运输工具的特点和作用，是运输合理化的重要一环。

4. 运输时间

在全部物流时间中运输时间占绝大部分，尤其是远程运输，因此，运输时间的缩短对整个流通时间的缩短起决定性的作用。

此外，运输时间缩短，还得加速运输工具的周转，充分发挥运力效能，提高运输线路通过能力，才能不同程度地改善不合理。

5. 运输费用

运费在全部物流费用中占有很大的比例，其高低在很大程度上决定了整个物流系统的竞争能力。

三、不合理运输的表现形式

（一）返程或起程空驶

空车无货载行驶可以说是不合理运输的最严重形式。在实际运输组织中，有时候必须调运空车，从管理上不能将其看成不合理运输。

（二）对流运输

对流运输也称相向运输或交错运输，是指同一种货物，或彼此间可以互相代用而又不影响管理、技术及效益的货物,在同一线路上或平行线路上做相对方向的运送,而与对方运程的全部或一部分发生重叠交错的一种运输形式。

（三）迂回运输

迂回运输是指本来可以选取短距离进行运输然而却选择路程较长路线进行运输的一种舍近取远的不合理运输形式。

（四）重复运输

本来可以直接将货物运到目的地,但是在未达目的地之处,或目的地之外的其他场所将货卸下,再重复装运送达目的地的一种运输形式。

（五）倒流运输

倒流运输是指货物从销地或中转地向产地或起运地回流的一种运输形式。

（六）过远运输

过远运输是指调运物资舍近求远的一种运输形式。近处有资源不调而从远处调,这就会造成可采取近程运输而未采取,拉长货物运距的浪费现象。

（七）运力选择不当

未利用各种运输工具优势而不正确地选择运输工具造成的不合理现象,常见的有这些形式:弃水走陆;铁路、大型船舶的过近运输;运输工具承载能力选择不当。

（八）托运方式选择不当

对于货主而言,可以选择最佳托运方式而未选择,造成运力浪费及费用支出加大的一种不合理运输。

（九）无效运输

凡装运的物资中有无使用价值的杂质(如煤炭中的矸石、原油中的水分、矿石中的泥土和沙石)含量过多或含量超过规定标准的运输称为无效运输。

四、实现运输合理化的一般途径

实现运输合理化的一般途径有以下几条。

（1）提高运输工具实载率。

（2）直达运输。

（3）配载运输。

（4）减少动力投入,增加运输能力,可通过满载超轴、水运拖排和拖带法、顶推法、汽车挂车等方式实现。

（5）“四就”直拨运输。

（6）发展特殊运输技术和运输工具。

（7）开展中短距离铁路公路分流,“以公代铁”的运输。

（8）实施托盘化运输。

想一想

在运输过程中,你还了解哪些方式是比较合理的?试举例说明。

关键练习

学生分组根据所给知识讨论运输优化的手段和重要性。

知识拓展

高速公路的优势

高速公路是指能适应平均昼夜小客车交通量为25 000辆以上，具有特别重要的政治和经济意义的、专供汽车分车道高速行驶并完全控制出入的公路。它是现代化公路运输中新型的运输载体。与传统的普通公路及其他的交通运输方式相比较，高速公路有以下几点优势。

（一）交通事故发生率比较低。高速公路采取全立交、全封闭、全控制出入的模式，排除了纵向、横向干扰和混合交通的问题。因此，高速公路尽管车速很快，但交通事故发生率却比普通公路要低40%～60%。

（二）行车速度高，交通运输能力大。高速公路是专门供快车行驶的道路，非机动车、行人、拖拉机等均不得入内，道路上没有平面交叉，没有急转弯，不准车辆掉头、停车、倒车等，因此行车速度比较快，一般为每小时80千米～120千米，而公路的平均行车速度为每小时40千米。例如，吉林省的通化至丹东的新开岭高速公路项目建成后，通化至丹东的行车时间由原来的6个多小时缩短到3个小时。另一方面，普通公路因为是混合交通，在每个交通口达到2 000车次时就会出现拥堵，而高速公路在10 000车次甚至以上时都会正常高速运转，高速公路的运输能力为普通公路的5倍以上。

（三）有利于促进综合运输网络的形成。公路本身具有铁路、民航、港口等无可比拟的灵活便捷性，高速公路成为连接其他交通运输方式的最佳途径。建设四通八达的高速公路运输线路，串联起民航、铁路、港口等，形成高标准高速度的综合交通运输网，这对一个城市的快速发展有着极其重要的作用。

任务6－4　零担运输货物交付

本任务涉及工作岗位	主对接工作岗位	★ 货运员
	参与工作岗位	★ 货运值班员
岗位工作关系	紧前工序	途中作业
	平行工序	领货凭证寄交
	紧后工序	
岗位工作职责	1. 熟悉公路零担货物交付的具体操作程序； 2. 出现问题能独立按程序操作	
学习目标	知识目标	1. 了解公路零担货物交付的基本要求； 2. 掌握零担货物接运的基本程序
	能力目标	1. 能根据各种实际情况完成货物接运； 2. 能够根据程序完成各种事故处理
	素养目标	1. 养成面对单调、繁杂的工作时所需的严谨、认真、细致的工作态度； 2. 养成自主学习的习惯，培养及时发现问题、独立处理问题的能力； 3. 养成遵章守纪、严于律己的工作作风； 4. 能与小组成员协作完成工作

任务描述

小孙在一家生产电子产品的外资企业工作,所在部门是销售部。一天,销售部经理交给了小孙一项任务,要求将500箱重量为10吨的数码产品发给北京的华泰电子销售公司。小孙首先想到了郊区的公路物流货运中心,并与其办理了承运手续。此物流中心收取了运杂费,并进行了优化运输,顺利将货物运到目的地,接下来到站该怎么做?

根据所给信息完成以下活动。

活动一:了解公路零担货物交付的基本要求。

活动二:完成货物的交付。

课前准备

课前利用教学资源库、教材、网络或到图书馆、书店,查阅有关公路零担货物交付的相关知识,并做好记录。

任务实施

活动一:了解公路零担货物交付的基本要求

知识链接

一、检查车辆的装载情况

零担班车到站后,仓库人员应会同驾驶员检查车辆在运输途中的状态及完整的程度,以便在发生货物差错时追究责任。确认货物无异常后,在交接单上签字并加盖业务章。若有异常情况发生时,应采取的相应的处理措施有以下几种。

(1) 有单无货,双方签注情况后,在交接单上注明,将原单返回。

(2) 有货无单,由仓库人员签发收货清单,双方盖章,清单寄回起运站。

(3) 货物到站错误,将货物原车运回起运站。

(4) 货物短缺、破损、受潮、污染、腐烂时,由双方共同签字确认,填写事故清单,并进行处理。

二、组织卸车、验收入库

经检查无异样的货物应组织卸车,验收入库。在卸车过程中,仓库人员、驾驶员应在现场指挥装卸人员严格按规程逐票逐件点收点交,货物写完后,复查货物件数,检查标签、标志,在交接清单上签字,并在到货台账上登记,注明发站、到站、车号、车属单位、驾驶员姓名等。

三、货物的交付

货物交付是零担运输的最后一道工序。货物入库后,应及时通知收货人提货,收货人凭提货单提货,货物运输单位按指定地点送货上门,点交完毕后,在提货单上加盖"货物交讫"戳记,同时在到货登记台账上注明提货日期、证件名称、号码,以示此单货物运输全部结束。

关键练习

通过小组讨论零担货物交付的注意事项。

活动二:完成货物的交付

知识链接

公路零担货物交付的基本程序如下。

一、下达送货指令

调度员根据待派物品信息选车派送,通知司机送货时间,并让司机到场站进行装车监装。同时,调度员打印取(派)通知单,连同运单等相关单据交站务员,站务员接到取(派)通知单,登记场站到达台账,并与运单一起交货运主管做送货准备。货运主管安排货运员装车送货。

二、场站发货

送货货运员带齐运单、取(派)通知单,准时与送货司机会合,场站货运员持取(派)通知单中的待派运单信息单,核对到达暂存货位上的货运标签中的运单号、货品名称和件数,核对无误后搬运至出货口,与送货货运员交接。每收齐一票货物,送货货运员在取(派)通知单中备注栏签字确认。

货物装车按到达地先后顺序文明装车,先到先装,装车后锁好车门,即可出站。

三、送货交接

送货货运员随车到达客户处,出示工牌,向客户表明来意,邀请收货人按照清单交接货物。交接前应仔细核对收货人的单位、身份证等相关信息,以免造成错派货物。

客户清点物品名称及件数与运单内容相符后,货运员应要求客户在运单中收货人签字处签收确认,将收货人联留给客户。

如因承运人原因造成物品损坏,导致客户拒收,应请收货人出具拒收证明。最后,核查结算方式,若为到付,则需按运费合计金额收取运费。

车辆返回,空车入站。

四、签收处理

送货车辆返回后,随车货运员将单据交给站务员,将结算运费交给财务,站务员根据实际派送情况登记场站到达台账。登记后将运单、取(派)通知单转交客服部,签收录入客户代表根据客户签收信息进行签收处理,签收录入完毕后,客户代表将全部单据转调度存档。

关键练习

根据所给信息通过小组角色扮演完成货物交付。

知识拓展

送货签单

送货签单是一般运输作业的最后一个环节。签单作业与客户自提作业或派送作业密不可分,只有在货物成功交讫后才可进行签单。

执行调度根据TMS(Transportation Management System,运输管理系统)中待派运单等信息,

按照客户要求的到货时间、客户收货地址、货运量合理安排运送车辆，同时下达送货指令，货运员随车送货，货物交接后要求客户签收确认，如需客户到付，则现场结清运费。最后，客服人员按照运单实际交接情况在 TMS 中做签单处理。

考核评价

一、自我评价

1. 自我考核

（1）了解公路零担货物的性质、特征。

（2）掌握零担货物配载和积载原则。

（3）熟悉实现运输合理化的有效途径。

2. 学生自评

学生自评，详见表6-1，40分。

表6-1　学生自评

序　号	评价内容（每项10分）	得　分	亮　点
1	课前知识查阅完成情况		
2	课前、课中与人沟通、协作表现		
3	任务完成情况		
4	课前、课中学习、工作态度表现		

二、小组（同学）评价

小组（同学）评价，详见表6-2，30分。

表6-2　小组（同学）评价

序　号	评价内容（每项10分）	得　分	亮　点
1	课中学习、工作态度表现		
2	课中与人沟通、协作表现		
3	课程重点知识掌握情况		

三、教师评价

教师评价，详见表6-3，30分。

表6-3　教师评价

序　号	评价内容（每项10分）	得　分	亮　点
1	课前知识查阅效果		
2	课中参与、协作情况		
3	掌握知识、技能效果		

学习项目 7

水路运输业务

任务 7-1 水路货物运输认知

本任务涉及工作岗位	主对接工作岗位	★ 水运物流员
	参与工作岗位	★ 水运货代
岗位工作职责	1. 能够独立接待客户、正确签订水路货物运输合同； 2. 根据实际情况，按需要准确地进行合同的变更与解除； 3. 能够独立受理托运业务，完成水路运费的计算； 4. 能够妥善处理货物到港相关的业务； 5. 能够协调其他各岗位和有关部门共同完成运输任务	
学习目标	知识目标	1. 掌握水路货物运输的基本条件； 2. 了解航线和航次； 3. 掌握水路货物运输的优缺点
	能力目标	1. 能够正确识别水路运输工具和设施、设备； 2. 能够掌握水路货物运输业务的主要形式
	素养目标	1. 养成勤于思考的习惯，培养及时发现问题、独立处理问题的能力； 2. 能在小组和组间进行交流，敢于表达自己的见解； 3. 有较强的书面和口头表达能力； 4. 有较强的知识检索能力

任务描述

北方是中华民族农耕文明的发源地，但自唐宋以来，随着长江流域和珠江流域逐渐被开发，中国的经济重心逐步南移，至南宋时，中国的经济重心完成了南移的过程。元朝为保证大都及北方的粮食供给，开辟了海运和漕运路线，历经明、清、民国和改革开放初期，形成了数百年的南粮北调局面。20 世纪 80 年代，由于东北和西北地区荒地资源的开发和华北平原农业生产的发展，中国实现了由南粮北调向北粮南运的转化。90 年代以来，随着沿海城市粮食进口和主要产粮区粮食出口贸易的扩大，中国的粮食物流更趋复杂化，东北、黄淮海、长江中下游成为三大主要粮食生产区，东南沿海和京津地区成为两大主要粮食消费区，从而形成了北粮南运、中粮东运和沿海地区粮食北出南进并存的格局。近几年随着我国跨省市区粮食流动数量的增加，粮食物流问题越来越引起学术界的重视。

中国的综合运输线路主要有铁路(普通铁路和电气化铁路)、公路(普通公路和高速公路)、内河航运、民用航空(国内、国际)和管道,而海运和远洋运输的线路长度缺乏时间序列统计。粮食运输一般不涉及民用航空和管道。根据现有的统计数据,中国的各种综合运输线路除内河航运里程受自然条件限制呈下降趋势外,铁路和公路均呈加速上升趋势。

在我国货运量和粮食物流量快速增加,以及粮食物流中铁路和水运激烈竞争的背景下,我国的综合运输网络急需系统和科学的研究和规划,以优化综合运输网络配置,实现各地之间最大可能的最低运输费用,从而实现全社会福利的最大化。而现有运输网络下以最低运费为目标的最优运输路径的确定是进行综合运输网络规划和优化配置的重要参考。

思考:粮食运输为何选择水路?水路货物运输的现状怎样的?组织水路货物运输的基本条件是什么?

根据所给信息完成以下活动。

活动一:熟悉水路货物运输的现状及运营方式。

活动二:掌握组织水路货物运输的基本条件。

课前准备

1. 课前采访同学、朋友、老师:是否接触过水路运输?自己居住地附近是否有水资源?如果有,是否可以进行运输工作?

2. 课前利用教学资源库、教材、网络或到图书馆、书店,查阅有关我国水路运输业的情况。

任务实施

活动一:熟悉水路货物运输的现状及运营方式

知识链接

一、水路货物运输的地位

我国发展水路运输的历史源远流长,是世界上水路运输发展较早的国家之一。我国水路运输在相当长的历史时期内,对经济、文化发展和对外贸易交流起着十分重要的作用。

我国有天然河流5 800多条,河流总长43万千米,内河自然条件比较优越。自改革开放以来,随着经济发展、物流业的崛起,我国一些地区内河运输呈现了崭新的面貌。

二、水路货物运输的特点

水路运输是利用船舶等水运工具,在江、河、湖、海及人工运河等水道运输旅客、货物的一种运输方式。

水路运输有运输量大、通过能力强、运费低廉、成本低、投资省等显著优点,并有速度较慢、风险较大、灵活性小、连续性差等缺点。它较适于担负大宗、低值、笨重和各种散装货物的中长距离运输,其中特别是海运,更适合承担各种外贸货物的进出口运输。

关键练习

通过分组讨论的形式分享课前学习的收获、课内学习的心得,总结水路运输为何适宜运输大宗型货物,以及国外的水路运输情况。

活动二：掌握组织水路货物运输的基本条件

知识链接

一、水路货物运输的基本条件

（一）船舶

随着世界经济的发展，现代运输船舶已形成了种类繁多、技术复杂及高度专业化的运输船舶体系。船舶的种类若按用途来分，主要分为客船和货船。在物流领域中，主要研究货船，货船是专门运送各种货物的船只，根据所运货物的不同，主要分为以下几种。

1. 干货船

干货船以运载干燥货物为主，也可装运桶装液货，包括杂货船、散货船和多用途船三大类。

（1）杂货船（见图7-1）。杂货船以运载成包、成捆、成桶等件杂货为主，也可装运某些散装货。杂货船舶在运输船舶中占有较大比重。

图7-1 杂货船

（2）散货船（见图7-2）。散货船是专门用来装运煤、矿砂、盐、谷物等散装货物的船舶，与杂货船不同的是它所运输的货物品种单一，货源充足，装载量大。因此，散货船比杂货船的运输效率高，装卸速度快。

图7-2 散货船

(3) 多用途船。多用途船是可运载集装箱、木材、矿砂、谷物及其他杂货等各种货物的干货船。

2. 液货船

液货船是用于运载散装液态货物的货船的统称,可运输石油、水、植物油、酒、氨水及其他化学液体和液化气体,主要包括原油船(见图7-3)、成品油船、液体化学品船、液化石油气船和液化天然气船等。所装货物有的易燃、易爆,有的在船舶破损后对环境污染大,有的化学品毒性极强。因此,对于此类船舶首先应考虑的是运输的安全可靠性。根据易燃程度,液体货物可分为三级,其中一级易燃液体货物的蒸汽闪点在28℃以下;二级易燃液体货物的蒸汽闪点为28℃~60℃;三级可燃液体货物的蒸汽闪点为60℃以上。根据所运输液体货物的易燃程度不同,以及液体货物的毒性和对环境的威胁,各国航运界制定有相应的公约和规范,并据此对船舶进行不同的结构设计。

图7-3 “天狼星”号油船

3. 集装箱船

集装箱船(见图7-4)是用来专门装运规格统一的标准货箱的船舶。各种货物在装船前已装入标准货箱内,然后再装船,在装、卸过程中不再出现单件货物,便于装卸。由于集装箱运输提高了运输效率,减轻了劳动强度,加速了车船周转,加快了货物送达,减少了营运费用,降低了运输成本,因此,集装箱船在近几十年来发展很快。集装箱船按装载情况可分为三大类,即全集装箱船、半集装箱船和兼用集装箱船。

图7-4 集装箱船

4. 冷藏船

冷藏船(见图7-5)是使鱼、肉、水果、蔬菜等易腐食品处于冻结状态或某种低温条件下进行载运的专用运输船舶。它大多以定期班轮方式营运,航速每小时可达20~22千米。为防止运输货物被压坏,常常设置多层甲板,同时也可起到良好的阻热和保湿作用。依冷藏形式的不同,冷藏船可分为冷藏舱船和冷藏集装箱船。前者的货舱做成冷藏舱,舱壁有良好的隔热功能,货物以托盘或篓筐形式置于舱内。后者的货物装于集装箱中,集装箱有两种,一种为内藏式冷藏箱,自带冷冻机;另一种为离合式冷藏箱,不带冷冻机,通过船上冷冻机将低温冷空气注入集装箱内。

图7-5 冷藏船

5. 滚装船

滚装船(见图7-6)是一种运载装货车辆或以滚动方式在水平方向装卸的货船。它一改传统的垂直装卸工艺为水平装卸工艺,通过"滚上"或"滚下"来提升装卸速度,降低船舶在港停留时间。在我国沿海的岛屿、陆岛之间及长江两岸,滚装船使用较普遍,但多为汽车渡船兼顾旅客运输。

图7-6 滚装船卸货

6. 载驳船

载驳船俗称子母船(见图7-7),是一种专运货驳的船。其驳船收放方式分为吊运和浮移两种。它具有船舶停港时间短,装卸速度快且不受港口水深限制和码头拥挤影响,有利于江海联运等优点。但是,这些优点要在货源组织、运输计划、驳船集散、子母船配套及空驳回收诸方面进行严密的组织管理才能显示出来,否则将会有停航之虑。

图7-7 子母船

7. 驳船

驳船本身无动力或只设简单的推进装置,依靠拖船或推船带动或由载驳船运输的平底船。

（二）我国内河干线

内河运输是水上运输的一个重要组成部分,同时也是连接内陆腹地(Inland Area)和沿海地区(Coastal Region)的纽带。它具有运量大、投资少、成本低、耗能小的特点。它对一个国家的国民经济和工业布局起着重要作用。因此,世界各国无不重视本国内河运输系统的建设。

我国的主要内河航道有长江航道、珠江航道、京杭运河航道和松花江航道,重要的河港有重庆港、武汉港、南京港、上海港、广州港和哈尔滨港。

1. 长江航道

长江被誉为中国的"黄金水道",干支流通航里程达7万千米。干流自四川宜宾至入海口,全长2 800余千米,可全年通航,是中国全年昼夜通航最长的深水干线内河航道。其中,长江口至武汉航道可通5 000吨级的船舶;汉口至重庆间航道可通3 000吨江轮,在枯水期千吨轮船也可上溯到重庆;宜宾至重庆间航道可通航千吨以下轮船。干流、支流、湖泊与人工运河相互贯通联结,组成了中国最大的水运网。长江干、支流航道同成昆、京广、川黔、成渝、焦枝等铁路干线相交,还通过运河和局部地段的水陆联运,与淮河、珠江及浙闽水系相连。目前,整个长江干流货运量所完成的货运量占全国内河航运货运总量的42.6%。沿线主要港口有重庆港、宜昌港、沙市港、城陵矶港、武汉港、黄石港、九江港、安庆港、芜湖港、马鞍山港、南京港、镇江港、张家港、南通港、上海港等。

2. 珠江航道

珠江是华南以广州为中心的最大水系、水运大动脉,通航价值仅次于长江。目前通航里程只及河长的1/3,其中能够通航机动船只的仅占河长的1/6,尚有很大发展潜力。

西江是珠江水系主要内河航运干线。梧州至广州段可常年通航轮船,百色以下可通小型轮驳船,木帆船可上溯至云南境内。北江韶关以下可通轮船,韶关以上及各支流多可通航木帆船。东江除龙川以上至合河口只能通航木船外,龙川以下400多千米均可通航轮船。

3. 淮河航道

淮河自古即为重要通航河流,后因12世纪末黄河夺淮,又遭历代人为破坏,淮河于是成了害河。中华人民共和国成立后,干支流航运量增长较快,20世纪80年代后期比1949年增长了7倍。淮河水运潜力目前尚未得到充分利用。

4. 黄河

黄河航运价值远不如长江、珠江等河流。贵德以上基本不能通航，贵德到中卫间只通皮筏，中卫—银川、西小召—河口、龙门—孟津及孟津—陶城铺间可通木船，陶城铺—垦利间可通小轮，垦利以下航道水浅不通航。

5. 黑龙江、松花江航道

黑龙江在中国境内的通航里程约为2 200千米。松花江是黑龙江最大支流，通航里程可达1 500千米，航运价值较大。黑龙江、松花江全年冰封期长达五六个月，冰封期间虽不能通航船只，但可发展东北地区特有的运输方式——冰上运输。

6. 京杭运河航道

京杭运河是世界上开凿最早、路线最长的一条人工运河。它的修通在一定程度上弥补了中国缺少南北纵向天然航道的不足，对沟通中国南北物资交流有重要作用。京杭运河自兴修以来，几经变动，20世纪50年代至今不断整治，季节性通航里程已可达1 100千米，自邳县以南660千米则终年通航。

（三）我国海运主要航线与重要海港

1. 沿海航线

中国沿海海上运输习惯上以温州为界，划分为北方沿海和南方沿海两个航区。北方沿海航区指温州以北至丹东的海域，以上海、大连为中心，包括：上海—青岛—大连；上海—烟台—天津；上海—秦皇岛；上海—连云港；上海—温州；大连—石岛—青岛；大连—烟台；大连—龙口；大连—天津等航线。南方沿海航区指温州至北部湾的海域，以广州为中心，包括：广州—汕头；广州—北海；广州—海口等航线。按所承担的货运量来看，以北方沿海航区占绝对优势。货运的物资构成北方沿海航区由北而南，以石油、煤炭运量最大，其次为钢铁、木材等，由南至北为金属矿石、粮食和工业产品；南方沿海航区则以农产品比重最大，次为食盐、矿石和煤炭，其中除煤炭以外，其余物资大部分由各中小港口向广州、湛江集中转运内地。现在，上海—福州、上海—厦门、上海—广州均有定期班轮航线，并已决定把南、北两个沿海航区连成一片，建设南北海运通道。

2. 远洋航线

目前，中国已开辟了90多条通往亚、非、欧、美、大洋洲150多个国家和地区的600多个港口的远洋航线。这些航线大都以上海、大连、天津、秦皇岛、广州、湛江等港口为起点，包括东、西、南、北4条主要远洋航线。

（1）西行线。由中国沿海各大港经新加坡和马六甲海峡，西行印度洋入红海，出苏伊士运河，过地中海进入大西洋，沿途抵达欧、非各国港口。

（2）南行线。由中国沿海各大港南行，通往东南亚、澳洲等地。

（3）东行线。从中国沿海各大港出发，东行抵达日本，横渡太平洋则可抵美国、加拿大和南美各国。

（4）北行线。由中国沿海各港北行，可抵朝鲜和俄罗斯东部各个海港。

3. 主要海港

目前，中国沿海主要港口有上海港、大连港、秦皇岛港、天津港、青岛港、黄埔港、湛江港、连云港、烟台港、南通港、宁波港、温州港、北海港和海口港等。

二、船舶航线和航次

（一）航线

广义的航线，是指船舶航行起止点的线路；狭义的航线是指船舶航行在海洋中的具体航迹线，也包括画在海图上的计划航线。

（二）航次

船舶为完成某一次运输任务，按照约定安排的航行计划运行，从出发港到目的港为一个航次。

三、水路货物运输的主要形式

水路货物运输是指利用船舶等浮运工具，在水域沿航线载运货物的一种运输方式。水路运输是我国综合运输体系中的重要组成部分，以自身优势正日益显示出它的巨大作用。

想一想

在你的家乡周边是否有丰富的水资源？它们能用来进行运输活动吗？

（一）根据航行区域分类

根据航行区域大体上可划分为远洋运输、沿海运输和内河运输3种形式。

（二）根据贸易种类分类

根据贸易种类可分为外贸运输和内贸运输：外贸运输是指本国同其他国家和地区间的贸易运输；内贸运输为本国内地区间的贸易运输。

（三）根据船舶营运组织形式分类

根据船舶营运组织形式可分为定期船运输（即班轮运输）和不定期船运输。

四、水路货物运输流程

签订运输合同⟶受理托运⟶装船作业⟶卸船作业⟶货物到达交付。

关键练习

通过分组讨论的形式借助网络了解我国上海港、秦皇岛港、天津港、大连港、连云港、广州港等几个主要海港的业务情况和在我国水路运输中的地位。

知识拓展

世界上比较著名的船级社

英国劳埃德船级社（Lloyd's Register of Shipping）创建于1760年，是世界上历史最悠久、规模最大的船级社。该船级社由船东、海运保险业承保人、造船业、钢铁制造业和发动机制造业等各方面委员会组成并管理，其主要职责是为商船分类定级。

中国船级社是中华人民共和国交通部所属的船舶检验局。1996年中国船级社第一次被选任国际船级社协会理事会主席，任期一年（1996年7月1日—1997年6月30日），这标志着中国验船技术的权威性得到了国际认可。

船级证书除了记载船舶的主要技术性能外，还绘制出了相应的船级符号。各国船级社对船级符号的规定不同。

中国船级社的船级符号为 * ZC。

英国劳埃德船级社的船级符号为LR，标志为100AI，其中，100A表示该船的船体和机器设备是根据劳氏规范和规定建造的；I表示船舶的装备，如船锚、锚链和绳索等处于良好和有效的状态。

任务7-2 水路托运业务办理

<table>
<tr><td rowspan="2" colspan="2">本任务涉及工作岗位</td><td>主对接工作岗位</td><td>★ 货运员</td></tr>
<tr><td>参与工作岗位</td><td>★ 接线员、制单员</td></tr>
<tr><td rowspan="3">岗位工作关系</td><td colspan="2">紧前工序</td><td>受理托运前的准备工作</td></tr>
<tr><td colspan="2">平行工序</td><td>接洽客户</td></tr>
<tr><td colspan="2">紧后工序</td><td>装船作业</td></tr>
<tr><td>岗位工作职责</td><td colspan="3">1. 上岗前保持精神饱满，端庄大方；
2. 接受客户信息时要认真、详细、礼貌；
3. 建立客户档案，并保持良好的客情关系；
4. 与客户签订水路运输合同；
5. 能够按照客户提供的信息填制运单；
6. 填制单证时要认真、准确，杜绝错填、漏填；
7. 完成上级领导交给的其他工作任务</td></tr>
<tr><td rowspan="3">学习目标</td><td>知识目标</td><td colspan="2">1. 识读水路托运单；
2. 掌握水路运单的填制要求</td></tr>
<tr><td>能力目标</td><td colspan="2">1. 能够办理水路托运业务；
2. 能够正确填写水路运单</td></tr>
<tr><td>素养目标</td><td colspan="2">1. 养成负责任的工作态度，认真细致的工作作风；
2. 养成自主学习的习惯，培养及时发现问题、独立处理问题的能力；
3. 与客户沟通时有较强的语言表达能力；
4. 能与小组成员协作完成工作</td></tr>
</table>

任务描述

买方：上海D公司	卖方：沈阳A公司
地址：沈阳市南京路50号	电话：024-83796553

商品名称：大米 RICE
数量：5 000袋，每袋50千克
价格条款：每吨人民币600元
包装：塑料编织袋装
装运时间：2015年6月24日
装运港：大连港
目的港：上海港
保险条款：加保一切险

根据所给信息完成以下活动。

活动一:识读并熟悉水路货物托运单。

活动二:缮制水路货物托运单。

课前准备

课前利用教学资源库、教材、网络或到图书馆、书店,查阅有关水路运输受理托运的形式、受理托运的流程及基本要求等知识。

任务实施

活动一:识读并熟悉水路货物托运单

知识链接

一、了解水路货物托运单

发货人(货主、货运代理)在托运货物时,应按承运人的要求填写水路货物托运单。

水路货物托运单(见表7-1)是承运人或其代理人在接受发货人或货物托运人的订舱时,根据发货人的口头或书面申请货物托运的情况,据以安排货物运输而制订的单证。该单证一经承运人确认,便作为承、托双方订舱的凭证。运单是运输合同的证明,是承运人已经接收货物的收据。

二、水路货物托运单的填制

(一) 注意事项

零星货物运输和计划外的整批货物运输以货物托运单作为运输合同。

水路货物托运单一般由托运人提交。托运人应将由托运人填写的事项填写完整、准确、清楚,交由承运人,并经双方核对同意后盖章(签字),合同生效。水路货物托运单一式六份,分不同颜色,分别是承运人存查、托运人收据、承运人解缴、到达港存查、收货人存查、提货凭证。如果是危险品货物,提货凭证则采用红色纸印刷。

(二) 须填制的内容

(1) 承运人、托运人和收货人名称。

(2) 货物名称、件数、重量、体积(长、宽、高)。

(3) 运输费用及其结算方式。

(4) 船名、航次。

(5) 起运港和到达港。

(6) 货物交接的地点和时间。

(7) 装船日期。

(8) 运到期限。

(9) 包装方式。

(10) 识别标志。

(11) 相关事项等。

表7-1　水路货物托运单

<table>
<tr><td colspan="2">船名航次</td><td colspan="2" rowspan="2">起运港</td><td colspan="2" rowspan="2"></td><td colspan="2" rowspan="2">到达港</td><td colspan="2" rowspan="2"></td><td colspan="2" rowspan="2">到达日期</td><td colspan="3" rowspan="2"></td></tr>
<tr><td colspan="2"></td></tr>
<tr><td rowspan="3">托运人</td><td colspan="2">全　称</td><td colspan="2"></td><td rowspan="3">收货人</td><td>全　称</td><td colspan="3"></td><td colspan="2" rowspan="3">承运人
（章）</td><td colspan="3" rowspan="3">收货人
（章）</td></tr>
<tr><td colspan="2">地址、电话</td><td colspan="2"></td><td>地址、电话</td><td colspan="3"></td></tr>
<tr><td colspan="2">银行账号</td><td colspan="2"></td><td>银行账号</td><td colspan="3"></td></tr>
<tr><td rowspan="2">发货符号</td><td rowspan="2">货号</td><td rowspan="2">件数</td><td rowspan="2">包装</td><td rowspan="2">价值</td><td colspan="2">托运人确定</td><td colspan="2">计费重量</td><td rowspan="2">等级</td><td rowspan="2">费率</td><td rowspan="2">金额</td><td colspan="3">应收费用</td></tr>
<tr><td>重量/吨</td><td>体积(长、宽、高)/立方米</td><td>重量/吨</td><td>体积/立方米</td><td>项目</td><td>费率</td><td>金额</td></tr>
<tr><td></td><td></td><td></td><td></td><td></td><td></td><td></td><td></td><td></td><td></td><td></td><td></td><td>运费</td><td></td><td></td></tr>
<tr><td></td><td></td><td></td><td></td><td></td><td></td><td></td><td></td><td></td><td></td><td></td><td></td><td>装船费</td><td></td><td></td></tr>
<tr><td></td><td></td><td></td><td></td><td></td><td></td><td></td><td></td><td></td><td></td><td></td><td></td><td></td><td></td><td></td></tr>
<tr><td></td><td></td><td></td><td></td><td></td><td></td><td></td><td></td><td></td><td></td><td></td><td></td><td></td><td></td><td></td></tr>
<tr><td></td><td></td><td></td><td></td><td></td><td></td><td></td><td></td><td></td><td></td><td></td><td></td><td></td><td></td><td></td></tr>
<tr><td></td><td></td><td></td><td></td><td></td><td></td><td></td><td></td><td></td><td></td><td></td><td></td><td></td><td></td><td></td></tr>
<tr><td>合计</td><td></td><td></td><td></td><td></td><td></td><td></td><td></td><td></td><td></td><td></td><td></td><td></td><td></td><td></td></tr>
<tr><td colspan="9" rowspan="2">运到期限(或约定)</td><td colspan="3" rowspan="2">托运人
（公章）
月　日</td><td colspan="2">总计</td><td></td></tr>
<tr><td colspan="2">核算员</td><td></td></tr>
<tr><td>注意事项</td><td colspan="8"></td><td colspan="3">承运人(章)</td><td colspan="2">复核员</td><td></td></tr>
</table>

【说明】① 此货物托运单主要适用于江、海干线和跨省运输的水路货物运输。

② 水路货物托运单、货票一式六份。顺序如下。

第一份:货票(起运港存查联)。

第二份:货票(解缴联)起运港→航运企业。

第三份:货票(货运人收据联)起运港→托运人。

第四份:货票(船舶存查联)起运港→船舶。

第五份:货票(收货人存查联)起运港→船舶→到达港→收货人。

第六份:货物运单(提货凭证)起运港→船舶→到达港→收货人→到达港存。

③ 除另有规定者外,属于港航分管的水路运输企业,由航运企业自行与托运人签订货物运输合同的,均使用航运企业抬头的水路货物运单。

④ 货物托运单联需用厚纸印刷,货票各联用薄纸印刷,印刷墨色应有区别:解缴联为红色,收据联为绿色,其他各联为黑色。

⑤ 要印控制号码或固定号码。

⑥ 到达港收费,另开收据。

⑦ 规格:长19厘米,宽27厘米。

关键练习

1. 通过角色扮演模拟客户和货运员签订货运合同。
2. 描述运单的主要内容。

活动二:缮制水路货物托运单

知识链接

一、运单的填制要求

(1) 一份托运单填写一个托运人、收货人、起运港和到达港。

(2) 货物名称填写具体品名。

(3) 规定按重量和体积择大计费的货物,应当填写货物的重量和体积。

(4) 填写的各项内容应当准确、完整和清晰。

(5) 承运人接收货物应当签发运单。

(6) 托运单签发后,承运人、承运人的代理人、托运人、到达港港口经营人、收货人各留存一份,另外一份由收货人收到货物后作为收据签还给承运人。承运人可以视情况需要增加或减少运单份数。

运单经承托双方签章后,具有合同效力,承运人与托运人、收货人之间的权利、义务关系和责任界限均按《水路货物运输规则》及运杂费用的有关规定办理。

二、受理方式

根据受理途径的不同,受理方式可分为直接受理、电话受理、传真受理、网上受理。承运人在接到托运单后,应进行认真审核。托运单的审核主要是指对受理的托运单进行的审核工作,审核人员确认完所有受理的托运单后方能处理下一步的工作。检查各项内容是否正确,如确认无误,则在运单上签章,表示接受托运。

关键练习

1. 描述托运单填制的具体要求。
2. 描述审核托运单的具体要求。

知识拓展

相关手续的办理

托运人应当及时办理港口、海关、检验、检疫、公安和其他货物运输所需的各项手续,并将已办理各项手续的单证送交承运人。因托运人办理各项手续和有关单证不及时、不完备或不正确,造成承运人损失的,托运人应当承担赔偿责任。

任务7-3 货物装船与卸船

本任务涉及工作岗位	主对接工作岗位	★ 装卸员
	参与工作岗位	★ 港口经营人、监装监卸员
岗位工作关系	紧前工序	受理托运
	平行工序	到货通知
	紧后工序	到达交付
岗位工作职责	1. 协助落实公司的作业规范和管理制度； 2. 监督或合理使用货物仓储和搬运设施、设备，并对其进行适当的管理； 3. 协助进行有关货损货差等异常情况的调查、原因分析、责任落实和改进措施的落实； 4. 组织正确、安全地执行货物装卸、搬运、堆码与保护等作业指令； 5. 负责卸完货后向开单员报告货物重量及件数等信息； 6. 加强装卸自我保护意识，严防装卸事故的发生	
学习目标	知识目标	1. 了解装船和卸船前准备作业的内容； 2. 了解装船和卸船作业的要求； 3. 识读水路货运记录单
	能力目标	1. 能够正确填写水路货运记录单； 2. 能够按规定完成装卸船作业
	素养目标	1. 养成严谨、认真、细致的工作态度； 2. 养成自主学习的习惯，培养及时发现问题、独立处理问题的能力； 3. 树立安全第一、预防为主的安全生产意识； 4. 能与小组成员协作完成工作

任务描述

交货方：沈阳A公司　　接货方：大连远航物流有限公司
运单号码：SY2012080802　　作业合同号码：GF-12-0801
商品名称：大米 RICE
数量：5 000袋，每袋50千克
包装：塑料编织袋装
装运时间：2015年6月24日　　船名：金盾号　航次：2101
交接地点：大连港外1号堆场
装运港：大连港
目的港：上海港
货损情况：100袋受氮氧化物污染

根据所给信息完成以下活动。

活动一:按照规定完成装船和卸船作业。

活动二:缮制水路货运记录单。

课前准备

课前利用教学资源库、教材、网络或到图书馆、书店,查阅有关港口、码头在装卸货物时的具体操作要求和规范,了解装卸作业的流程。

任务实施

活动一:按照规定完成装船和卸船作业

知识链接

一、装船前准备作业

装船前,承运人应将船舱清扫干净,检查管系,准备好垫隔物料,港口经营人应准备好保障安全质量的防护措施。承运人与港口经营人在船边进行货物交接。除承运人和港口经营人双方另有协议外,装船时应做到大票分隔、小票集中,每一大票货物应接单装船、一票一清,同一收货人的几票货物应集中在一起装船,每一大票货物或每一收货人的货物,装船开始及终了时,承运人应指导港口作业工做好垫隔工作。

二、装船作业

装船作业时,承运人应派人看舱,指导港口作业人员按计划的装货顺序、部位装舱,堆码整齐。整船散装货物应按有关规定检验测定装前、装后水尺数,并记录在货物交接清单上。如果发现货物残损、包装不合标准要求、破裂或标志不清等情况,应编制货运记录。

三、卸船前准备作业

承运人应及时向港口经营人提供卸船资料。对船边直取的货物,应事先通知收货人做好接运提货的准备工作。港口经营人应根据承运人提供的资料以及与作业委托人签订的作业合同,安排好泊位、库场、机械工具和劳力,编制卸船计划。

四、卸船作业

承运人如果派人指导卸货,港口作业人员应接受承运人的指导,按实际装载顺序、运单、标志卸船。整批货物,应做到一票一清,几票集中装船的零星货物,应做到集中卸船。承运人发现港口经营人混卸或违章操作,应予制止,制止不听的,应编制货运记录。

五、卸船后的交接

货物卸进港区仓库,由承运人与港口经营人在船边进行交接。收货人船边直取货物,由承运人与收货人进行交接。交接完毕,承运人和港口经营人或者承运人和收货人应在货物交接清单上签章。如未办妥交接手续,船舶不得离港。

关键练习

1. 描述装船、卸船前的准备工作。
2. 描述装船、卸船作业要点。

活动二：缮制水路货运记录单

知识链接

一、编制货运记录

货运记录和普通记录的编制按《水路货物运输规则》办理。编制记录时要认真、准确、客观地反映真实情况，以便作为处理事故、查询货物的依据。

编制水路货运记录单（见表7-2）时应遵守以下规定。

（1）在交接或交付货物的当时编制，任何一方不得拒编，也不得要求事后补编。

（2）记录内各栏应逐项填写清楚，如有更改应由交接双方在更改处盖章。

（3）一张运单或作业委托单有数种品名时，应分别写明情况。

（4）内容应如实填写，不得凭空想象或假设，不得用揣测、笼统词句；情况要记录得详细、准确、具体。

表7-2 水路货运记录单

编号：

交货方		接货方	
运货提单号码	作业合同号码	船名	航次
交接时间	交接地点	车号	
起运港	中转港	到达港	
货物名称	包装方法	识别标志	集装箱号
记录内容：			
交货方（签章） 年 月 日		接货方（签章） 年 月 日	

关键练习

1. 正确填写水路货运记录单。
2. 描述水路货运记录单填写的具体要求。

知识拓展

港口的陆上设备

陆上设备包括间歇作业的装卸机械设备（门座式、轮胎式、汽车式、桥式及集装箱起重机、卸车机等）、连续作业的装卸机械设备（带式输送机、斗式提升机、压缩空气和水力输送式装置及泵站等）、供电照明设备、通信设备、给水排水设备和防火设备等。港内陆上运输机械设备包括火车、载重汽车、自行式搬运车及管道输送设备等。水上装卸运输机械设备包括起重船、拖轮、驳船及其他港口作业船、水下输送管道等。

任务7-4 水路货物到达交付

本任务涉及工作岗位	主对接工作岗位	★ 货运员(货代员)
	参与工作岗位	★ 船舶代理、仓管员
岗位工作关系	紧前工序	卸船作业
	平行工序	仓储作业
	紧后工序	费用结算
岗位工作职责	1. 协助落实公司的作业规范和管理制度; 2. 货物到港后,除另有约定外,应及时向收货人发出到货通知; 3. 货物未交付前,承运人应做好保管工作; 4. 要求收货人或其代理人出具领取货物的有效证明; 5. 应当按运单列明的货物件数清点后交付收货人,如货物短缺、损坏时,应会同收货人当场查验并填写记录; 6. 对已交付的货物做好登记工作	
学习目标	知识目标	1. 了解货物交付时所需的手续; 2. 掌握无法交付货物的认定条件
	能力目标	1. 能够及时发出到货通知; 2. 能够认定并处理无法交付的货物
	素养目标	1. 养成严谨、认真、细致的工作态度和职业责任感; 2. 养成自主学习,及时发现问题、独立处理问题的能力; 3. 能比较自如地与外部工作人员进行有效沟通,养成良好的语言沟通能力和书面表达能力; 4. 能与小组成员协作完成工作

任务描述

交货方:沈阳A公司　　接货方:大连远航物流有限公司

运单号码:SY2012080802　　作业合同号码:GF-12-0801

商品名称:大米 RICE

数量:5 000袋,每袋50千克

包装:塑料编织袋装

装运时间:2015年6月24日　　船名:金盾号　　航次:2101

装运港:大连港

目的港:上海港

大连远航物流有限公司上海分公司的业务员通知上海的D公司于2015年7月1日前到港口提货,做好货物的交付工作。

根据所给信息完成以下活动。

活动一:按照规定完成货物的交付作业。

活动二:按照规定处理收货人超过一个月仍未领取的货物。

课前准备

课前利用教学资源库、教材、网络或到图书馆、书店,查阅有关港口、码头在交付货物时的具体操作要求和规范,了解交付作业的流程和对无法交付货物的处理。

任务实施

活动一:按照规定完成货物的交付作业

知识链接

货物到达交付作业的要求如下。

(1) 收货人在接到到货通知后,应当及时提货,不得因对货物进行检验而滞留船舶。货物运抵到达港后,承运人应当在24小时内向收货人发出到货通知。承运人交付货物时,应当核对证明收货人单位、身份以及经办人身份的有关证件。

(2) 承运人发出到货通知后,应当每10天催提一次,满30天收货人不提取的,应当通知托运人,托运人未在30天内处理货物的,按照无法交付货物处理。

(3) 除另有约定外,散装货物按重量交接,其他货物按件数交接。散装货物按重量交接的,承运人与托运人应当约定货物交接的计量方法,没有约定的应当按船舶水尺数计量,不能按船舶水尺数计量的,运单中载明货物重量对承运人不构成其交接货物重量的证据。

(4) 船边直取货物,由承运人向收货人支付。卸进港区的货物,收货人凭运单(提货凭证)以及进口作业委托单到港区提货。港口经营人应当认真核对提货单证,与收货人当场对货物的数量和质量进行交接。收货人收到货物无异议时,应在提货单证上签章。交接时发现货物短缺、残损,双方应及时编制货运记录。承运人和港口经营人在交付货物时,如发现标志脱落或模糊不清,应当查明收货人后方可交付。一张运单的货物分批交付时,应当在有关提货单证上逐次批注清楚。一张运单的货物分卸几个港区或几个库场,在交付时港口经营人应核对清楚,防止错交、错转。

(5) 不能交付的货物按《关于港口、车站无法交付货物的处理办法》办理。

关键练习

1. 通过角色扮演,模拟发出到货通知。
2. 描述正确交付货物作业的要点。

活动二:按照规定处理收货人超过一个月仍未领取的货物

知识链接

一、无法交付货物的认定条件

(1) 到达港口、车站的货物,自承运人向收货人或其代理人发出到货或提货通知之日起(以邮戳为准),超过铁路、交通部门规定的领取期限,又经催询和通知托运人处理而超过1个月仍不领取和处理的货物。

(2) 港口、车站发现的无票货,运单上的收、发货人姓名不清、地址不详,经查询仍无法查明的货物;或自由港站贴出招领公告(或登报)之日起,超过1个月仍无人领取的货物。

(3) 运输部门在沿途拾得的无标志货物;在港口打捞和挖泥中回收的无法辨认和寻找收、发货人的货物;公安部门破获盗窃案件中收回的找不到货主的运输物资。

(4) 运输部门在清理库场时收集整理的地脚货物(但在卸车、卸船中收集起来的货底,应按票交给收货人)。

(5) 到达港口、车站的进口货物按提单或运单向收货人或其代理人交清后溢余的,在3个月内国外发货人或承运人未提出异议,无人认领的货物。

(6) 外贸出口的退关货物,经港口两次以上催提而发货人仍未提离,堆存期超过两个月的。

对于承运人错发、错运、错卸的货物,不得作为无法交付货物处理,应由承运人无偿运到目的地,交给货票上载有的收货人或其代理人;造成货物逾期交付的,应按规定承担经济责任。属于承运人责任造成的无票货物也不得作为无法交付货物处理。

二、无法交付货物的处理

(1) 由运输部门进行清点、查对、登记、造册和保管,并在保管期间尽量寻找线索,尽力做到物归原主。

(2) 由运输部门开列清单,报地(市)以上(含地、市)经委(交委、交办)或由地(市)以上经委委托的县(市)经委审核批准处理。进口货物中无法交付的货物,由运输部门开列清单,会同海关、外运公司、保险部门研究提出意见报地(市)经委或由地(市)经委指定的县(市)经委审核批准处理。

(3) 对无法交付的鲜活、易爆、放射性、剧毒等货物,由运输部门开列清单,迅速报当地县(含县)以上经委批准处理。当地经委要及时作出处理决定。在当地经委作出处理决定前,如运输部门发现货物有变质、燃烧、爆炸和泄漏等危险情况时,可先行处理,事后报告。如对无法交付的危险货物确需进行处理或销毁,发生的费用,若能追查到原收、发货人责任方的,责成责任方支付;若确实查不到责任方的,则在处理无法交付货物的总收入中支付。

(4) 由港口、车站有关物资单位有偿移交,但进口货物要首先有偿交给外贸部门。接收单位要做好质量检验,全部按质论价接收。军用物资、历史文物全部按质论价接收。军用物资、历史文物、珍贵图书、重要资料和违禁物品等,应分别向省(军)级的军事、公安、文化等主管部门无价移交,不得交给其他单位。

(5) 物资主管部门在接到移交通知后1个月内完成接收工作。过期不接收时,经县(含县)以上经委批准,由运输部门负责处理。

(6) 由当地经委会同有关部门根据按质论价的原则处理。对价格有不同意见时,由当地物价部门裁决。质次滞销的物品,经物价部门批准削价处理。

(7) 处理无法交付货物所得款项,应先扣除该货物的运输、装卸、储运、储存、清扫、洗刷、广告及其他劳务费用,进口货物还应按规定扣除关税和其他税款;对处理或销毁无法交付的危险货物和变质、滞销货物所发生的入不敷出的金额,可在处理无法交付货物总收入中扣除;剩余部分可提取不超过3%的专项奖励基金,奖励有关人员;其优质产品款项就地交入金库,处理单位属中央企业的交中央金库,属地方企业的交地方金库。

到达港口、车站的货物,收货人或其代理人拒收的,港口、车站应报当地经委强制收货人按期提货;超过铁道、交通部门规定的提货期限的,按有关规定加收堆存费;超过1个月不提货的,港口、车站可在当地经委组织下转栈,转栈费由货主负责,拒付转栈费的,经当地经委批准,由银行强制划转。对无法交付货物进行处理后,货主要求收货物或价款时,一律不予受理。

关键练习

1. 描述认定无法交付货物的条件。
2. 描述无法交付货物的处理方式。

知识拓展

货损事故处理

在运输业中发生、发现的货损事故,有关承运人和港口经营人应迅速采取有效措施,防止扩大损失。对货物差错、票货分离、票货不符等货运事故责任方,应在货运记录编制的7天内,向有关当事人发出货运事故查询书进行查询。对重大事故,可派专人进行查询。获复前如查询的货物或票据已经找到,应立即通知有关当事人停止查询。

任务7-5 水路运费组成分析

本任务涉及工作岗位	主对接工作岗位	★ 运费结算员
	参与工作岗位	★ 制单员
岗位工作关系	紧前工序	受理托运或准备交付
	平行工序	制作单证
	紧后工序	接货装船或完成交付
岗位工作职责	1. 根据计费标准核算运费; 2. 依据银行进账单按照发票明细准确核销应收运费账目; 3. 遵守财务制度,保证数据的真实性、有效性; 4. 收取由托运人或收货人缴纳的费用; 5. 如遇现金支付,需认真检验真伪; 6. 根据船公司运费账单及运费更正单检查电脑数据输入的准确性	

（续表）

学习目标	知识目标	1. 了解运输费用的主要构成； 2. 掌握各项运输费用的简单计算方法
	能力目标	1. 能根据运输任务查找核对相关数据； 2. 能够根据运输任务进行运输费用的简单计算
	素养目标	1. 养成面对单调、繁杂的工作时所需的严谨、认真、细致的工作态度； 2. 养成自主学习的习惯，培养及时发现问题、独立处理问题的能力； 3. 养成遵章守纪、严于律己的工作作风； 4. 能与小组成员协作完成工作

任务描述

卖方：上海D公司　　买方：英国伦敦A公司
商品名称：茶叶
体积：33.440立方米　　重量：10吨
装运时间：2015年6月24日　　船名：远洋号　航次：1101
装运港：上海港
目的港：伦敦港

根据所给信息完成以下活动。

活动：利用网络查找相应的运价等级、运价里程、运价率等数据，简单计算运输费用。

课前准备

课前利用教学资源库、教材、网络或到图书馆、书店，查阅有关水路运费的计算步骤、相关数据等信息，并做好记录。

任务实施

活动：利用网络查找相应的运价等级、运价里程、运价率等数据，简单计算运输费用

知识链接

一、确定货物运价等级

水运运价的制定各地有不同的规定。水运货物的等级划分，不同部门制定的货物等级也不一样。因此，不同地区的水运货物等级，需要根据自适用范围的运价规则查找货物运价分级表，查找相应的运价等级。

二、确定运价里程

运价里程是专为计算水路货物运价而规定的里程，不是实际里程和航行里程，而是根据港口

之间的区段里程。运输起始点之间的距离按公布的"水运运价里程表"确定相应的里程。

三、确定计费重量

水运货物计费分为质量吨(W)和体积吨(M)两种。质量吨按货物的毛重,以1 000千克为1质量吨;体积吨按货物的"满尺丈量"的体积,以1立方米为1体积吨。

四、确定运价率

由于水运分江、河、海运,各种不同水域情况下的水运运价率自然就不相同。不同航区之间的运输,则需要查找包含两个航区名称的水运运价率表。

五、运价计算

基本运费计算公式为:

船舶货物运费 = 运价里程 × 计费重量 × (1 + 加成率) × 运价率

【实例】 远洋号货轮从上海装运10吨共33.44立方米茶叶到英国伦敦,要求直航,计算全程应收的运费。

经查商品分级表得知茶叶属8级;查中国到欧洲、地中海航线等级费率表得知,8级商品的基本费率为90.00美元;查附加费率表得知,伦敦直航附加费为基本运费的35%,伦敦的附加费率为7.00美元,因该批货物的体积吨大于质量吨,按体积吨计费。

全程运费 = 90.00 × 33.44 + 90.00 × 33.44 × 35% + 7.00 × 33.44
= 4 297.04(美元)

关键练习

现从上海运往毛里求斯路易港一批小五金锁件,共计100箱,每箱体积为20厘米×30厘米×40厘米,每箱重量为25千克。查得小五金及工具属10级,基本运费率为443港元,燃油附加费为40%,路易港口拥挤附加费为10%。试计算运费。

知识拓展

不同组织形式的费用构成

水运方式包括班轮运输和不定期船运输两种组织形式。不同组织形式的费用的计算过程和方法是不同的,具有各自的特点。

班轮公司运输货物所收取的运输费用,是按照班轮运价表的规定计收的。班轮运价表一般包括说明及有关规定、货物分级表、航线费率表、附加费表、冷藏货及活牲畜费率表等。目前,我国海洋班轮运输公司使用的"等级运价表",即将承运的货物分成若干等级。每个等级的货物有一个基本费率,称为"等级费率表"。

班轮运费包括基本运费和附加费两部分。前者是指货物从装运港到卸货港所应收取的基本运费,它是构成全程运费的主要部分;后者是指对一些需要特殊处理的货物,或者突然事件的发生或客观情况变化等原因而需另外加收的费用。

凡供需双方签订运输合同的不定期船,如包舱运输的航次租船、整船运输的程租船或期租船,通常是按照船舶的全部或一部分舱位及运费率收取一笔包租运费,也称为整笔运费。

考核评价

一、自我评价

1. 自我考核

(1) 了解我国的主要内河港口及沿海港口的基本情况。

(2) 熟悉水路货物运输的主要形式。

2. 学生自评

学生自评,详见表7-3,40分。

表7-3 学生自评

序号	评价内容(每项10分)	得分	亮点
1	课前知识查阅完成情况		
2	课前、课中与人沟通、协作表现		
3	任务完成情况		
4	课前、课中学习、工作态度表现		

二、小组(同学)评价

小组(同学)评价,详见表7-4,30分。

表7-4 小组(同学)评价

序号	评价内容(每项10分)	得分	亮点
1	课中学习、工作态度表现		
2	课中与人沟通、协作表现		
3	课程重点知识掌握情况		

三、教师评价

教师评价,详见表7-5,30分。

表7-5 教师评价

序号	评价内容(每项10分)	得分	亮点
1	课前知识查阅效果		
2	课中参与、协作情况		
3	掌握知识、技能效果		

学习项目8 航空货运业务

任务8-1 航空货物运输认知

本任务涉及工作岗位	主对接工作岗位	★ 航空物流员
	参与工作岗位	★ 航空货代
岗位工作职责	1. 能够独立接待客户、正确签订航空货物运输合同； 2. 根据实际情况，按需要准确地进行合同的变更与解除； 3. 能够独立受理托运业务，完成航空运费的计算； 4. 能够妥善处理货物到港相关的业务； 5. 能够协调其他各岗位与有关部门共同完成运输任务	
学习目标	知识目标	1. 了解航空货物运输的地位； 2. 掌握航空货物运输的适运货物； 3. 掌握水路货物运输的优缺点
	能力目标	1. 能够正确识别航空运输工具和设施、设备； 2. 能够掌握航空运输业务的基本流程
	素养目标	1. 养成勤于思考的习惯，培养及时发现问题、独立处理问题的能力； 2. 能在小组和组间进行交流，敢于表达自己的见解； 3. 有较强的书面和口头表达能力； 4. 有较强的知识检索能力

任务描述

在现代航空业务中产生了专门承办航空货运手续（如货物包装、清关、填写货物运单）的业务部门——航空货运代理人。我国的空运销售代理兴起于20世纪80年代。1993年8月经国务院批准由中国民航总局发布执行《民用航空运输销售代理业管理规定》后，经批准注册的空运代理企业由1993年年底的800多家发展为2014年的3 000多家。

太原恒大物流于2005年在太原市经民航局、交通部等职能部门批准在固有平台上开启了航空货运一级代理服务业务，代理从太原始飞到国内其他城市的航空物流服务业务。只要是符合空运物流有关规定和要求的货物都可办理。航空货运的货物包括厂商普货、标书证件、酒水特产、宠物活体等各种加急、特种货物。同时，航空货运还提供包仓、包装、仓储、货物跟踪、门到门提送货等一站式增值服务。

随着业务的不断扩大，恒大物流现在已经是山西地区从事国内空运代理行业中优秀的航空物流代理公司，最近招聘了一批中职学校的优秀毕业生。因缺乏经验需进行培训，从而使其快速融入企业，适应职业岗位的需要。

根据所给信息完成以下活动。

活动一：了解航空货运物流员应具备的基础知识。

活动二：掌握航空货运物流员的形式和流程。

课前准备

1. 课前采访同学、朋友、老师：是否接触过航空运输？自己是否乘坐过飞机，是否利用航空运输托运过物品？

2. 课前利用教学资源库、教材、网络或到图书馆、书店，查阅有关我国航空运输业的情况。

任务实施

活动一：了解航空货运物流员应具备的基础知识

知识链接

一、航空运输认知

航空运输是指使用飞机、直升机及其他航空器运送人员、货物、邮件的一种运输方式。它具有快速、机动的特点，是现代旅客运输，尤其是远程旅客运输的重要方式；为国际贸易中的贵重物品、鲜活货物和精密仪器运输所不可缺。

我国航空物流虽然发展很快，但从总体上看，仍处于成长发育期，有许多不足：主要是规模小，货运能力低；经营范围窄，多为从事单一航空货运或航空代理；物流管理及技术水平低、服务水平有待提高；货源以普通货为主，高附加值和快件等高端产品所占比重偏小，航空物流优势发挥不够。

二、航空运输的经济特性

（1）速度快。

（2）不受地面条件影响，深入内陆地区。

（3）安全、准确。

（4）基本建设周期短、投资少。

（5）运价比较高。

（6）载运量小。

（7）易受气候条件限制。

三、机场

机场（见图8-1），也称飞机场、空港，较正式的名称是航空站，是专供飞机起降活动的飞行场。机场有不同的大小，除了跑道之外，通常还设有塔台、停机坪、航空客运站、维修厂等设施，并提供机场管制服务、空中交通管制等其他服务。

图8-1　首都机场T3航站楼

四、航空器

（一）航空器的含义

航空器是指在大气层中飞行的飞行器，包括飞机、飞艇、气球及其他任何借空气的反作用力，得以飞行于大气中的器物。飞机是由动力装置产生前进推力，由固定机翼产生升力，在大气层中飞行的重于空气的航空器。但在日常生活中，习惯将气球、飞艇以外的航空器泛称飞机。在所有航空器中，飞机具有速度快、载重大和飞行效率高的优点。在燃料、发动机和推进装置一定的条件下，运载工具的效率可以用载重量和飞行距离来衡量。

（二）飞机的种类

（1）按用途划分，有民用航空飞机和国家航空飞机之分。国家航空飞机是指军队、警察和海关等使用的飞机；民用航空飞机主要是指民用飞机和直升机，其中民用飞机指民用的客机、货机和客货混合机（combination carrier）（见图8-2）。

想一想

你是否乘坐过飞机？选择这种运输方式的原因是什么？

图8-2　客货混合机

（2）按发动机的类型分，有螺旋桨飞机和喷气式飞机之分。

五、航线

（一）航线的定义

飞机飞行的路线称为空中交通线,简称航线。航线确定了飞机飞行的具体方向、起讫点和经停点。根据空中交通管制的需要,规定了航线的宽度和飞行高度,以维护空中交通秩序、保证飞行安全。

（二）航线的种类

航线可分为国际航线、地区航线和国内航线三大类。

(1) 国际航线是指飞行的路线连接两个或两个以上国家的航线。在国际航线上进行的运输是国际运输。一个航班如果它的始发站、经停站、终点站有一点在外国领土上都叫作国际运输。

(2) 地区航线是指在一国之内,各地区与有特殊地位地区之间的航线,如我国内地与港、澳、台地区的航线。

(3) 国内航线是指在一个国家内部的航线,又可分为干线、支线和地方航线三大类。

关键练习

通过分组讨论的形式分享课前学习的收获、课内学习的心得,总结阐述航空货运适合运输哪些种类的货物,国外的航空货运情况是怎样的。

活动二:掌握航空货运物流员的形式和流程

知识链接

一、航空运输的形式

（一）班机运输

班机是指定期开航的,定航线、定始发站、定目的港、定途经站的飞机。航空公司一般都使用客货混合机一方面搭载旅客;另一方面运送少量货物。但一些较大的航空公司在一些航线上开辟定期的货运航班,使用全货机(all cargo carrier)运输。班机运输一般是客货混载。因舱位有限,不能使大批量的货物及时出运,往往需要分期分批运输,这是班机运输的不足之处。

（二）包机运输

包机运输方式可分为整包机和部分包机两类。

1. 整包机

整包机即包租整架飞机,是指航空公司按照与租机人事先约定的条件及费用,将整架飞机租给包机人,从一个或几个航空港装运货物至目的地。原则上,包机运费是按每一飞行千米固定费率核收费用,并按每一飞行千米费用的80%收取空放费。因此,大批量货物使用整包机运输时,均要争取来回程都有货载,这样费用比较低。只使用单程,运费比较高。

2. 部分包机

部分包机就是几家航空货运公司或发货人联合包租一架飞机或者由航空公司把一架飞机的舱位分别卖给几家航空货运公司装载货物。它用于托运不足一架整飞机舱位,但货量又较重的货物。

（三）集中托运

集中托运是将若干票单独发运的、发往同一方向的货物集中起来作为一票货,填写一份总运单发运到同一到站。集中托运只适合办理普通货物,而对于等级运价的货物,如贵重物品、危险品、活动物及文物等不能办理。

集中托运方式已在世界范围内普遍开展,形成了较完善、有效的服务系统,为促进国际贸易发展和国际科技文化交流起到了良好的作用。集中托运现已成为我国进出口货物的主要运输方式之一。

(四) 联运方式

陆空联运是火车、飞机和卡车(train-air-truck,TAT)的联合运输方式,或者火车和飞机(train-air,TA)的联合运输方式。

我国空运出口货物通常采用陆空联运方式。这是因为,我国幅员辽阔,而国际航空港口岸主要有北京、上海、广州等。虽然省会城市和一些主要城市每天都有班机飞往上海、北京、广州,但班机所带货量有限,费用比较高。如果采用国内包机,则费用更高。因此,在货量较大的情况下,往往采用陆运至航空口岸,再与国际航班衔接。由于汽车具有机动灵活的特点,在运送时间上更可掌握主动,因此一般都采用TAT方式组织出运。

二、航空货物运输基本程序

将到达货单资料输入电脑→确定运输方式→订舱→接单接货→制单→报关→发运→费用结算→信息传递。

关键练习

通过分组讨论的形式,借助网络了解我国航空货物运输代理业、代理人的现状和工作职责。

知识拓展

集装设备

航空运输中的集装设备主要是指为提高运输效率而采用的托盘和集装箱等成组装载设备。为使用这些设施,飞机的甲板和货舱都设置了与之配套的固定系统。

由于航空运输的特殊性,航空集装箱(见图8-3)无论是从外形构造上还是从技术性能指标上都具有自身的特点。在海运中,常见的40英尺和20英尺的标准箱只能装载在宽体飞机的主甲板上。

图8-3　航空集装箱

任务8-2　航空货物委托与承接

本任务涉及工作岗位		主对接工作岗位	★ 货运员
		参与工作岗位	★ 接线员、制单员
岗位工作关系	紧前工序		受理托运前的准备工作
	平行工序		接洽客户
	紧后工序		出港、进港作业

（续表）

岗位工作职责	1. 接收客户信息时要认真、详细、礼貌； 2. 建立客户档案，并保持良好的客情关系； 3. 与客户签订航空运输合同； 4. 帮助客户选择正确的航空运输方式； 5. 能够按照客户提供的信息填制运单； 6. 填制单证时要认真、准确，杜绝错填、漏填； 7. 能够协调其他岗位和部门共同完成运输任务	
学习目标	知识目标	1. 了解揽货与收货的具体要求； 2. 识读航空托运单； 3. 掌握航空货物运单的填制要求
	能力目标	1. 能够根据货物的特点办理航空托运业务； 2. 能够正确缮制航空货物运单
	素养目标	1. 养成负责任的工作态度、认真细致的工作作风； 2. 养成自主学习的习惯，培养及时发现问题、独立处理问题的能力； 3. 与客户沟通时有较强的语言表达能力； 4. 养成较强的组织协调能力，能与小组成员协作完成工作

任务描述

2015 年 2 月 15 日，物流员南宫乐接到了太原晋机厂裴钰先生的委托通知书，该通知书称其在 2015 年 2 月 19 日有五单精密仪器需从太原空运至上海。它们的重量分别为 15 千克、20 千克、40 千克、50 千克和 55 千克。通知人和收货人都是上海扬子集团的孟星魂先生。

根据所给信息完成以下活动。

活动一：作为太原恒大物流公司的物流员与客户沟通，完成揽货与收货工作。

活动二：太原恒大物流公司安排员工代替南宫乐对该批货物进行各项承接工作及运单的填写。

课前准备

1. 课前利用教学资源库、教材、网络或到图书馆、书店，查阅有关航空运输受理托运的形式、受理托运的流程及基本要求等知识。

2. 课前可利用课余时间到太原武宿机场进行参观和调研，了解航空货运办理的实际操作过程。

任务实施

活动一：作为太原恒大物流公司的物流员与客户沟通，完成揽货与收货工作

知识链接

一、揽货

揽货是指物流公司为争取更多业务活动，而到有航空货运需求的企业进行推销的活动。

揽货时一般需向合作对象介绍本公司的代理业务范围、服务项目及各项收费标准,双方就进出口货物运输事宜达成协议后,可以向发货人提供货物托运书作为委托书。

二、收货

根据空运企业的规定,托运人交运的货物须符合有关始发、中转和到达国家的法令和规定,以及航空公司的一切运输规章。凡是我国及有关国家政府和空运企业规定禁运的物品,航空公司不予收运。货物的包装、重量和付款方式等必须符合航空公司的有关规定。此外,还有一定的价值限制。

关键练习

通过小组讨论和角色扮演的形式模拟航空货运员的揽货与收货作业。

活动二:太原恒大物流公司安排员工代替南宫乐对该批货物进行各项承接工作及运单的填写

知识链接

一、航空货物运单的性质和作用

航空货物运单是由承运人或其代理人签发的重要的货物运输单据,是承托双方的运输合同,内容对双方均具有约束力。航空货物运单不可转让,持有它也并不能说明就可以对货物要求所有权。

(一)是发货人与航空承运人之间的运输合同

航空货物运单与海运提单不同,它不但证明了航空运输合同的存在,而且本身就是发货人与航空运输承运人之间缔结的货物运输合同,在双方共同签署后产生效力,并在货物到达目的地交付给运单上所记载的收货人后失效。

(二)是承运人签发的已接收货物的证明

航空货物运单是承运人签发的已接收货物的证明,即货物收据。在发货人将货物发运后,承运人或其代理人就会将其中一份交给发货人(即发货人联),作为已经接收货物的证明。除非另外注明,它是承运人收到货物并在良好条件下装运的证明。

(三)是承运人据以核收运费的账单

航空货物运单分别记载着属于收货人负担的费用、属于应支付给承运人的费用和应支付给代理人的费用,并详细列明费用的种类。

(四)是承运人内部业务的依据

航空货物运单随货同行,证明了货物的身份。运单上载有有关该票货物发送、转运、交付的事项的,承运人会据以对货物的运输作出相应安排。

二、航空货物运单的填写

航空货物运单(见表8-1)由托运人填写,连同货物交给承运人。如果承运人依据托运人提供的托运书填写货运单并经托运人签字,则该货运单应当视为代托运人填写。托运人应当对货运单上所填关于货物的说明或声明的正确性负责。

表 8-1　国内航空货物运单

出发站			到达站	
收货人名称			电话	
收货人地址				
发货人名称			电话	
发货人地址				
空陆转运	自　　　　至		运输方式	
货物品名	件数及包装	计费重量	实际重量	价值
航空运费:(每千克¥)	¥	储运注意事项		
地面运输费:(每千克¥)	¥			收运站
空陆转运费:(每千克¥)	¥			
中转费:(每千克¥)	¥			日期
其他费用:	¥			经手人
合　计:	¥			

航空货物运单的填写注意事项如下。

(1) 出发站、到达站应填写全称。

(2) 填写单位或收货人、托运人的全名、详细地址和电话。

(3) 填写实际的件数及包装种类。

(4) 填写货物的具体品名而非货物类别的笼统名称及包装材料。

(5) 填写货物特性和储运注意事项,如“易碎”“防潮”等;货物到达后的提取方式;个人托运物品的详细内容和数量等。

关键练习

按照所给信息完成航空货物运单的缮制。

知识拓展

航空货物托运的一般要求

(一) 托运人托运货物应遵守国家法律、政府规定、命令或要求,以及承运人关于货物包装、运输的相关规定。必要时,托运人应提供与托运货物有关的文件,并对所提供文件的真实性和准确性负责。

(二) 托运人托运货物,必须符合下列条件。

(1) 国家法律、政府规定、命令或要求非禁止运输的货物。

(2) 货物的包装应适合航空运输的要求。

(3) 托运政府限制运输以及需要向公安、检疫等政府有关部门办理手续的货物,应当随附有效证明。

(4) 货物不致危害飞机、人员、财产的安全,不致烦扰旅客。

(三) 除另有约定外,国航不承运声明价值超过规定限额的货物。

(四) 运输条件不同或性质相互抵触的货物,托运人应分别办理托运手续。

任务8-3 货物出港、进港

<table>
<tr><td colspan="2" rowspan="2">本任务涉及工作岗位</td><td>主对接工作岗位</td><td>★ 装卸员</td></tr>
<tr><td>参与工作岗位</td><td>★ 配装员,监装、卸员</td></tr>
<tr><td rowspan="3">岗位工作关系</td><td colspan="2">紧前工序</td><td>接收托运委托</td></tr>
<tr><td colspan="2">平行工序</td><td>订舱或预订舱</td></tr>
<tr><td colspan="2">紧后工序</td><td>到达接收作业</td></tr>
<tr><td>岗位工作职责</td><td colspan="3">1. 严格按配货计划装载货物,防止多装、漏装或错装;
2. 对出发货物的外包装状态要进行认真、细致的检查,发现问题及时纠正或报告出发库;
3. 按章操作,正确使用特种车辆等设备;
4. 及时处理货物破、湿、掉等现象,检查平板车、棚车、大板底架是否超长拖带;
5. 检查货物的包装状态,禁止将渗漏、破损及易燃易爆等货物装上飞机;
6. 轻拿轻放,杜绝野蛮装卸</td></tr>
<tr><td rowspan="3">学习目标</td><td>知识目标</td><td colspan="2">1. 了解出港作业的内容和流程;
2. 了解进港作业的内容和流程</td></tr>
<tr><td>能力目标</td><td colspan="2">1. 能够按照规定办理出港和进港作业;
2. 能够正确使用搬运机械</td></tr>
<tr><td>素养目标</td><td colspan="2">1. 养成严肃的工作态度,认真细致、按规章制度办事的工作作风;
2. 养成自主学习的习惯,培养及时发现问题、独立处理问题的能力;
3. 与内部员工沟通时有较强的语言表达能力;
4. 养成较强的组织协调能力,能配合各工种协作完成工作;
5. 树立安全第一、预防为主的安全生产意识</td></tr>
</table>

任务描述

2015年2月15日,物流员南宫乐接到了太原晋机厂裴钰先生的委托通知书,该通知书称其在2015年2月19日有五单精密仪器需从太原空运至上海。它们的重量分别为15千克、20千克、40千克、50千克和55千克。现该批货物已从太原武宿机场装机运往上海虹桥机场。

根据所给信息完成以下活动。

活动一:太原恒大物流公司安排员工完成出港作业。

活动二:太原恒大物流公司安排员工完成进港作业。

课前准备

1. 课前利用教学资源库、教材、网络或到图书馆、书店，查阅有关航空运输装卸、搬运的基本要求等知识。

2. 课前可利用课余时间到太原武宿机场进行参观和调研，了解航空货运装机、卸机的实际操作过程。

任务实施

活动一：太原恒大物流公司安排员工完成出港作业

知识链接

一、出港作业内容

（1）配装员根据航班动态和可用载量，进行预制“货邮舱单”。

（2）配装员根据预制货邮舱单指挥装卸队把预配货物装板。

（3）制作正式的货邮舱单业务袋。

（4）在航班起飞60分钟前，与装卸队共同押运货物通过安检。

（5）指挥、监督外场装卸队按规定的顺序装机。

（6）如果要调整货物平衡，应在航班起飞20分钟前进行。及时卸下指定货物、邮件及更改货邮舱单，并通知载重平衡室拉卸货物的件数和重量。

（7）在航班起飞后15分钟之内，货运员督促装卸队把拉卸货物押运回仓库。

（8）根据拉货情况更改货邮舱单，并告知查询室，同时填制临时拉货补运清单和货运代单。

（9）统计当天货物交接和发运情况，整理业务单据装订存档。

二、货物出港流程

货物配载→将到达货单资料输入计算机→装机→临时拉货→货物出港。

三、出发货物装卸作业程序

清点待运货物→协助清点货物、检查待运状态→货物装板车→押运货物过安检→指导监督作业→装货上机→关闭舱门。

四、出港货物作业要求

（一）监装员作业要求

（1）牢固树立“安全第一”思想，坚持制度，按章操作，确保安全运输、万无一失。

（2）认真负责，按业务规定和指令组织装飞机，确保装载平衡。

（3）按规定时间送飞机，确保出港航班正常。

（4）严格按货物指示标志组织搬运人员装卸、摆放货物。装机货物应大小搭配，尽量装满货舱。

（5）在装机前对货物包装再次进行检查。

（二）装卸员作业要求

（1）严格按配货计划装载货物，防止多装、漏装或错装。

（2）对出发货物的外包装状态要进行认真、细致的检查，发现问题及时纠正或报告出发库。

(3) 按章操作,正确使用特种车辆等设备。

(4) 及时处理货物破、湿、掉等现象,检查平板车、棚车、大板底架是否超长拖带。

(5) 检查货物的包装状态,禁止将渗漏、破损及易燃易爆等货物装上飞机。

(6) 轻拿轻放,杜绝野蛮装卸。

关键练习

通过小组讨论和角色扮演的形式模拟航空监装员、装卸员的具体作业。

活动二:太原恒大物流公司安排员工完成进港作业

知识链接

一、航空货物进港流程

货物卸机→将到达货单资料输入计算机→普通货物入仓。

二、航空货物进港作业要求

(一) 监卸员作业要求

1. 准备卸机

(1) 了解每个航班的具体降落时间。

(2) 提前10分钟到达外场等候。

(3) 及时交接到达业务袋。

2. 货物押运入库

(1) 检查货物的码放情况。

(2) 严密监视货物的作业现场。

(3) 卸机完毕检查货舱,防止漏卸。

(4) 货物在押运过程中注意防止滑落、撞损、雨淋及其他人为破坏。

(二) 搬运员作业要求

(1) 卸货前必须先检查货舱,对不正常运输情况、渗漏事件及时报货运监装员,并做好记录。

(2) 检查货物状态,破损货物做好卸货记录。

(3) 防止野蛮卸货和货物滑落,码放禁止超高。

(4) 严禁将行李混入货物。

(5) 轻拿轻放,杜绝野蛮装卸。

(6) 入库货物码放有序,便于盘查和提取。

关键练习

阐述航空货物装机、卸机的操作要点。

任务8-4 航空货物到达交付

<table>
<tr><td rowspan="2">本任务涉及工作岗位</td><td colspan="2">主对接工作岗位</td><td>★ 货运员(货代员)</td></tr>
<tr><td colspan="2">参与工作岗位</td><td>★ 仓管员</td></tr>
<tr><td rowspan="3">岗位工作关系</td><td colspan="2">紧前工序</td><td>进港作业</td></tr>
<tr><td colspan="2">平行工序</td><td>到货通知</td></tr>
<tr><td colspan="2">紧后工序</td><td>费用结算</td></tr>
<tr><td>岗位工作职责</td><td colspan="3">1. 协助落实公司的作业规范和管理制度;
2. 货物到港后,除另有约定,应及时向收货人发出到货通知;
3. 货物未交付前,承运人应做好保管工作;
4. 要求收货人或其代理人出具领取货物的有效证明;
5. 应当按运单列明的货物件数清点后交付收货人,如货物短缺、损坏时,应会同收货人当场查验并填写记录;
6. 对已交付的货物做好登记工作</td></tr>
<tr><td rowspan="3">学习目标</td><td>知识目标</td><td colspan="2">1. 了解航空货物运输的到达接收作业流程;
2. 了解航空货物到达作业的各个岗位的工作要求</td></tr>
<tr><td>能力目标</td><td colspan="2">1. 能够准确办理接收作业;
2. 能够按照规定及时发出到货通知;
3. 能够正确处理不正常运输的情况</td></tr>
<tr><td>素养目标</td><td colspan="2">1. 养成严谨、认真、细致的工作态度和职业责任感;
2. 养成自主学习的习惯,培养及时发现问题、独立处理问题的能力;
3. 能比较自如地与外部工作人员进行有效沟通,养成良好的语言沟通能力和书面表达能力;
4. 能与小组成员协作完成工作;
5. 与收货人沟通时,接洽礼仪应规范</td></tr>
</table>

任务描述

2015 年 2 月 15 日,物流员南宫乐接到了太原晋机厂裴钰先生的委托通知书,该通知书称其在 2015 年 2 月 19 日有五单精密仪器需从太原空运至上海。它们的重量分别为 15 千克、20 千克、40 千克、50 千克和 55 千克。现该批货物已从太原武宿机场装机运往上海虹桥机场。通知人和收货人都是上海扬子集团的孟星魂先生,其中有一单货物丢失,价值 5 万元,请对此情况进行处理。

根据所给信息完成以下活动。

活动一:上海虹桥机场安排员工完成货物的接收作业。

活动二:上海虹桥机场安排员工对非正常运输货物的处理作业。

课前准备

1. 课前利用教学资源库、教材、网络或到图书馆、书店,查阅有关航空运输接收、交付的基本要求等知识。

2. 课前可利用课余时间到太原武宿机场进行参观和调研，了解航空货运到达交付作业的实际操作过程。

任务实施

活动一：上海虹桥机场安排员工完成货物的接收作业

知识链接

一、航空货物的到达接收作业流程

货物卸机→将到达货单资料输入计算机→普通货物入仓→按区域分拣货单→货物交付→货物不正常运输的处理。

二、营业员接收作业

（一）到达库营业员工作程序

将到达货单资料输入计算机→按区域分拣货单→填制货物交接单→查验提货人的有关证明文件→计收各种费用→在计算机中销号。

（二）到达库营业员工作内容

（1）负责航班货物到达的各项处理工作。

（2）热情接待收货人，回答问询准确，使用文明用语。

（3）货物到达后按规定及时发出提货通知，急件货物应尽量采用电话通知。

（4）认真检验提货证明、证件，防止货物被冒领。发放货物时应逐件核对，确认无误后，方可交给货主，并请货主在运单上签收。

（5）准确核算、收取货物保管费及其他费用。货物提取后，及时销号，妥善保管单证。

（6）及时核对、清点库存货物，发现问题及时报告，确保到达库内单货一致。

（7）填写值班日记，将待办事项交接清楚。

关键练习

通过小组讨论和角色扮演的形式模拟航空货运仓管员的具体作业要求。

活动二：上海虹桥机场安排员工对非正常运输货物的处理作业

知识链接

一、不正常运输的处理

凡发生货物少收、破损、短少、单货不符等不正常运输情况（其处理方式见表8-2），接收站应当在飞机到达后2小时，最晚不得超过4小时发电向有关航站查询，并做好事故记录，由装运站负责查明情况，答复查询站。在发出查询单或查寻电报前，应当先在本站认真查找和核实，在确定没有时应及时发出。

如货物发生错运或错卸，造成差错的责任站发现后，应当立即通知有关站查处。发现错收、多收货物的航站，应当立即采取补救措施，及时运回原出发站或直接运往到达站，并电告有关站。

表8-2　交接单、货物异常情况的处理方式

总运单	清　单	货　物	处理方式
有	无	有	清单上加总运单号
有	无	无	总运单退回
无	有	有	总运单后补
无	有	无	清单上划去
有	有	无	总运单退回
无	无	有	货物退回

二、货物查询工作

托运人或收货人可在出发地或目的地查询货物的运输情况。查询时要求出示货运单或提供货运单号码、出发地、目的地、货物名称、件数、重量和托运日期等内容。对他站的查询，要认真调查，及时处理。查询电文的发出和答复，应当由经办人员签字，并对查询和答复内容负责。

关键练习

通过小组讨论和角色扮演的形式模拟航空货运员对非正常交付作业的要求。

知识拓展

航空货物运输的索赔时效

托运人或收货人要求赔偿时，应在填写货运事故记录的次日起180日内，以书面形式向承运人提出，并随附有关证明文件。承运人对托运人或收货人提出的赔偿要求，应在收到书面赔偿要求的次日起60日内处理。

航空运输的诉讼时效期间为2年，自民用航空器到达目的地或运输终止之日起计算。

航空承运人是利用民用航空器实施货物运输的公共航空运输企业。公共航空运输企业是指以营利为目的，使用民用航空器运送旅客、行李、邮件或货物的企业法人。《中华人民共和国民用航空法》第九十二条规定："设立公共航空运输企业，应当向国务院民用航空主管部门申请领取经营许可证，并依法办理工商登记；未取得经营许可证的，工商行政管理部门不得办理工商登记。"因此，航空承运人只能是取得航空运输许可证并依法办理工商登记的企业法人。航空货物运输合同的承运人包括缔约承运人和实际承运人。所谓缔约承运人，是指以本人名义与旅客或托运人，或者与旅客或托运人的代理人，订立航空运输合同的人。所谓实际承运人，是指根据缔约承运人的授权，履行全部或部分运输的人。缔约承运人对合同约定的全部运输负责，实际承运人对其履行的运输负责。

任务8－5 航空运费组成分析

本任务涉及工作岗位	主对接工作岗位		★ 运费结算员
	参与工作岗位		★ 制单员
岗位工作关系	紧前工序		受理托运或准备交付
	平行工序		制作单证
	紧后工序		装机出港或完成交付
岗位工作职责	1. 根据计费标准核算运费； 2. 依据银行进账单按照发票明细准确核销应收运费账目； 3. 遵守财务制度，保证数据的真实性、有效性； 4. 收取由托运人或收货人缴纳的费用； 5. 如遇现金支付，需认真检验真伪； 6. 根据航空公司运费账单及运费更正单检查电脑数据输入的准确性		
学习目标	知识目标	1. 了解计费重量的分类； 2. 了解航空货物运价的种类	
	能力目标	1. 能够掌握运价的分类； 2. 能够根据运输任务进行运输费用的简单计算	
	素养目标	1. 养成面对单调、繁杂的工作时所需的严谨、认真、细致的工作态度； 2. 养成自主学习的习惯，培养及时发现问题、独立处理问题的能力； 3. 养成遵章守纪、严于律己的工作作风； 4. 能与小组成员协作完成工作	

任务描述

2015 年 3 月 19 日，北京悦尚贸易公司运送一批货物从首都国际机场至法国巴黎戴高乐国际机场，总重量为 100 千克，体积为 1 200 000 立方厘米，起码运价 M——200，轻泡货物 N——29. 69，45 ~300 千克，Q——24. 41，300 千克以上——22. 33。

根据所给信息完成以下活动。

活动：模拟运费结算员根据货物信息计算运费。

课前准备

课前利用教学资源库、教材、网络或到图书馆、书店，查阅有关航空运输费用的构成、运价等相关知识。

任务实施

活动:模拟运费结算员根据货物信息计算运费

知识链接

一、国内航空货物运价类别

根据航空货物运输价格的影响因素,目前航空货物运输市场中主要有以下几种常见的运价。

(一) 普通货物运价

这种价格适用于各种货物,以货物重量计算运费,如北京至国内航线货物运价表中的运价。航空公司通常对普通货物设置货物重量等级,然后根据不同的货物重量等级采用不同的运输价格。货物重量越大,运价越优惠。

(1) 基础运价(代号 N)。民航总局统一规定各航段货物基础运价,基础运价为 45 千克以下普通货物运价,金额以角为单位。

(2) 重量分界点运价(代号 Q)。国内航空货物运输建立 45 千克以上、100 千克以上、300 千克以上三级重量分界点及运价。

(二) 指定物品运价

指定物品运价(代号 C)适用于某一航线上明确分类的特定物品的运价,如一些批量大、季节性强、单位价值低的货物。许多指定物品运价还同时包括对大宗货物运价的折扣。

指定物品运价因航线而异,航空公司通过提供指定物品运价来鼓励顾客采用航空运输,以达到充分利用吨位解决方向性运输不平衡的问题,以提高运载率、降低运输成本。

急件、鲜活易腐物品、贵重物品、活体动物、枪械弹药、押运货和生物制品等特种货物实行等级货物运价,按照基础运价的 150% 计收。

(三) 等级货物运价

等级货物运价(代号 S)是指航空公司对某些特定货物提供的折扣运价或额外运价。例如,航空公司对发行的报纸提供普通运价的 50% 折扣运价;对急件、生物制品、珍贵植物和植物制品、活体动物、骨灰、灵柩、鲜活易腐物品、贵重物品、枪械、弹药、押运货物等特种货物实行等级货物运价,按照基础运价的 150% 计收。

(四) 最低运费

每票国内航空货物最低运费(代号 M)为人民币 30 元。

(五) 集装货物运价

集装货物运价适用于采用集装箱运输的货物。集装箱、集装板作为一个运输单元运输货物可申请建立集装货物运价。由于集装箱运输可以显著地减少包装和搬运费用,因此其运价可以大大低于普通货物运价。这种运价适用于各种货物,但是货物必须装进集装箱。集装货物运价规定了基准重量,其作用类似于最低运费。托运人要按照基准重量支付运费,不管其货物是否达到了这一重量。如果托运人的货物超过了这一基准重量,超过部分支付额外的运费,但是运价要低于大宗的普通货物运价或指定物品运价。

(六) 协议运价

协议运价是航空公司鼓励客户使用航空运输的一种运价。航空公司与客户签订协议,客户保证在协议期内向航空公司交运一定数量的货物,航空公司依照协议向客户提供一定数量的运价折扣。这种运价使得双方都有收益,对在一定时期内有相对稳定货源的客户比较有利。

(七) 联运运价

如果在始发站和目的站之间需要由多个航空公司承运,则采用联运运价。联运运价一般是国家公布的价格。

(八) 预订舱位运价

如果客户优先预订舱位,则采用预订舱位运价。对于预订舱位,有的航空公司采用缴纳一定数量的保证金后给予预留吨位,然后采用普通运价。

(九) 其他特殊运价

如危险品运输等需要特殊服务的物品运输,则采用特殊运价。

二、航空货物运价的特点

(1) 航空货物运价是指从一机场到另一机场,而且只适用于单一方向的运价。

(2) 航空货物运价不包括其他额外费用,如提货、报关、交接和仓储费用等。

(3) 航空货物运价通常使用当地货币公布(国内货物运价的货币单位是人民币)。

(4) 航空货物运价一般以千克为计算单位。

(5) 航空运单中的运价按出具运单之日所适用的运价。

三、国内航空货物运价规则

(一) 国内航空货物运价使用规则

(1) 直达货物运价优先于分段相加组成的运价。

(2) 指定商品运价优先于等级货物运价和普通货物运价。

(3) 等级货物运价优先于普通货物运价。

(二) 国内航空货物运费计费规则

(1) 货物运费计费以"元"为单位,元以下四舍五入。

(2) 最低运费,按重量计得的运费与最低费相比取其高者。

(3) 按实际重量计得的运费与按较高重量分界点运价计得的运费比较取其低者。

(4) 分段相加组成运价时,不考虑实际运输路线,不同运价组成点组成的运价相比取其低者。

四、计费步骤

(1) 确定使用运价的种类。

(2) 确定运价率。

(3) 确定计费重量。

(4) 确定运价(运价 = 基本运价 × 计费重量)。

(5) 确定地面费用。

(6) 计算运费(运费 = 运价 + 地面费用)。

关键练习

1. 根据任务描述中的内容计算运费。

运费 1 =1 200 000 /6 000(体积重量) ×24.41 =4 882(元)。

运费 2 =300(因该批货物未达到航空公司的最低重量要求 300 千克,实际毛重按 300 千克计算) ×22.33 =6 699(元)。

比较运费 1 与运费 2,取其低者,因此本次运输的基本运费为 4 882 元。

2. 某航空公司欲将一批新鲜水果由北京运往日本大阪，水果共计 6 箱，每箱毛重为 47.8 千克，体积为 128 厘米×42 厘米×36 厘米，M 为 230.00，N 为 37.51，运价率为 45 元/千克～28.13 元/千克，试计算运费。

知识拓展

航空运输的相关规定

货物重量按毛重计算，计算单位为千克。重量不足 1 千克的，按 1 千克算；超过 1 千克的，尾数四舍五入。

非宽体飞机装载的每件货物的重量一般不超过 80 千克，体积一般不超过 40 厘米×60 厘米×100 厘米。宽体飞机装载的每件货物的重量一般不超过 250 千克，体积一般不超过 250 厘米×200 厘米×160 厘米。超过以上重量和体积的货物，由航空公司依据具体条件确定可否收运。

每件货物长、宽、高之和不得少于 40 厘米。每千克的体积超过 6 000 立方厘米的货物按轻泡货物计重。轻泡货物以每 6 000 立方厘米折合 1 千克计量。

考核评价

一、自我评价

1. 自我考核

(1) 了解航空运输的主要形式。

(2) 掌握航空货物运单的性质和作用。

(3) 熟悉航空货物进出港作业要求。

2. 学生自评

学生自评，详见表 8-3，40 分。

表 8-3 学生自评

序号	评价内容(每项 10 分)	得分	亮点
1	课前知识查阅完成情况		
2	课前、课中与人沟通、协作表现		
3	任务完成情况		
4	课前、课中学习、工作态度表现		

二、小组(同学)评价

小组(同学)评价，详见表 8-4，30 分。

表 8-4 小组(同学)评价

序号	评价内容(每项 10 分)	得分	亮点
1	课中学习、工作态度表现		
2	课中与人沟通、协作表现		
3	课程重点知识掌握情况		

三、教师评价

教师评价,详见表8-5,30分。

表8-5 教师评价

序 号	评价内容(每项10分)	得 分	亮 点
1	课前知识查阅效果		
2	课中参与、协作情况		
3	掌握知识、技能效果		

学习项目9 管道运输

任务　管道运输认知

本任务涉及工作岗位	主对接工作岗位	★ 销售员
	参与工作岗位	★ 生产计划员
岗位工作职责	1. 负责集团市场营销战略规划,组织编制集团年度市场营销计划及预算; 2. 负责制定与完善集团市场营销管理制度并监督执行; 3. 负责集团成品油、天然气、其他炼化产品的统一销售,对成员企业的销售业务进行监督、协调和指导; 4. 负责集团成品油销售资质和进出口资质的申报工作; 5. 负责组织市场调查、分析和预测,做好市场信息的收集、整理,掌握国内外市场动态,为营销策略的制定提供支持; 6. 负责组织建立客户信息档案,对客户分级管理;建立健全大客户档案,对大客户进行管理维护; 7. 完成领导交办的其他工作	
学习目标	知识目标	1. 了解我国管道运输的发展现状; 2. 掌握管道运输设施的构成; 3. 掌握管道运输的优缺点和发展趋势
	能力目标	1. 能够阐述管道运输与其他运输方式的异同; 2. 能够归纳我国管道运输的分布及管理机构
	素养目标	1. 养成勤于思考的习惯,培养及时发现问题、独立处理问题的能力; 2. 能在小组和组间进行交流,敢于表达自己的见解; 3. 能和客户进行沟通,有较强的语言表达能力和得体的接洽礼仪; 4. 有较强的知识检索能力

任务描述

西气东输工程是将我国塔里木和长庆气田的天然气通过管道输往上海的输气工程。管道全长约 4 000 千米,年输气量为 120 亿立方米。

该管道起点自新疆塔里木轮南,由西向东经新疆、甘肃、宁夏、陕西、山西、河南、安徽、江苏至终点上海市。管道共穿(跨)越长江、黄河等大型河流 6 次,穿(跨)越中型河流 500 多次,穿越干线公路 500 多次、干线铁路 46 次;通过六级及以下地震烈度区约 2 500 千米,七级地震烈度区约

800千米，八级地震烈度区约700千米。固定资产投资384亿元，再加上城市管网、工业利用等相关项目建设，整个工程的投资规模高达1 200亿元。

“西气”主要是指我国新疆、青海、川渝和鄂尔多斯四大气区生产的天然气；“东输”主要是指将上述地区的天然气输往长江三角洲地区，同时也包括输往西宁、兰州、北京、天津和湖南、湖北地区。

中国石油西气东输管道公司是中国石油天然气股份有限公司直属的地区公司，负责西气东输管道工程建设、天然气管道输送运营管理和天然气市场开发与销售等业务。公司总部设有17个业务部门，沿线设有11个地区管理处、2个工程项目部、1个计量测试中心、4个西气东输二线东段管理处筹备组，且公司注册及总部办公地点均设在上海浦东新区。现开展新线建设，急招一批优秀中职毕业生共20人，需对该批新入职员工进行岗位培训。

根据所给信息完成以下活动。

活动一：掌握有关管道的基础知识。

活动二：了解管道运输的形式和分布。

课前准备

1. 课前采访同学、朋友、老师：是否接触过管道运输？是否接触过管道？身边有哪些设施属于管道？是否已亲身感受到管道运输带来的好处？

2. 课前利用教学资源库、教材、网络或到图书馆、书店，查阅有关我国管道运输业的情况。

任务实施

活动一：掌握有关管道的基础知识

知识链接

一、管道运输的地位

管道运输是利用管道输送气体、液体和粉状固体的一种运输方式。其运输形式是物体在管道内顺着压力方向循序移动，和其他运输方式的重要区别在于，管道设备是静止不动的。

目前，全球的管道运输承担着很大比例的能源物资运输，包括原油、成品油、天然气、油田伴生气和煤浆等。其完成的运量常常远高于人们的想象（如在美国接近于汽车运输的运量）。近年来，管道运输也被进一步研究用于解决散状物料、成件货物、集装物料的运输，以及发展容器式管道输送系统。

管道运输是国民经济综合运输的一个重要组成部分，也是衡量一个国家的能源与运输业是否发达的一个特征。目前，长距离、大管径的输油气管道均由独立的运营管理企业负责经营和管理。

目前，世界上长输管道的总长度已超过了200万千米，我国现有长输管道的总长度不足2万千米（包括海上天然气管道，约900千米），不到世界长输总长度的1%。我国的原油储量在世界排在第5位，原油产量在世界也排在第5位，管道运输与我国的经济发展极不匹配。

我国将加快油气干线管网和配套设施的规划建设，逐步完善全国油气管线网络，到2015年年末，我国的油气管道总里程超过 12 万千米，建成以“西油东送、北油南送”为主体的成品油管道，同时适时建设第二条西气东输管道及陆路进口油气管道。未来 10 年是我国管道工业的黄金期，除了得益于我国经济的持续快速发展和能源结构的改变之外，正在建设的中俄输气管线、兴建的苏格里气田外输管线，以及吐库曼和西西伯利亚至我国的输气管线等管线网络的建设，不仅为我国，也为世界管道业的发展提供了机遇。

二、管道运输设施

管道运输设施与其他运输设施具有很大的差异性，其中最主要的差别在于：管道运输系统中，运输工具都是固定的，不需要凭借运输工具的移动来完成运输任务。因此，管道运输系统所需的基本设备也有异于其他运输系统。

（一）管道

管道是管道运输系统中最主要的部分，它的制造材料可以是金属、混凝土或塑胶，完全由所输送的货物种类及输送过程中所要随的压力的大小决定。管道一般用钢管焊接而成，能承受较大的压力。也有一些小口径管道使用无缝钢管。

管道的类型主要有：

（1）按管道的材料，分为金属管道、塑料管道、玻璃钢管道和其他管道等；

（2）按管道的应用范围，分为输气管道、输原油管道、输成品油管道、水管道和海洋管道、固体料浆管道等；

（3）按管线的铺设方式，分为地下、地上和架空管道（见图 9-1）。

图 9-1　地下、地上和架空管道

想一想

找找身边的管道，看它们是用来运输什么货物的？

（二）管道的动力机械

动力机械是管道的核心机械。世界上绝大多数管道主要是电动机驱动油泵或压缩机给流体加压，其优点是管理方便、维护量小、便于控制。由于管道所输送的介质本身是能源，如原油、天然气等，因此，管道动力的提供除依靠电动机外，还有更多的选择。

管道运输系统通常是无人值守的，所以要求动力机械能保持长期稳定运行。一般要求动力机械达到 4 万小时无大修。达到这样的指标除了使用最适用的燃料外，还要求设备性能好、润滑好。

（三）管道的阀件

管道输送流体的控制部件主要是连接件和阀门。管道干线上所使用的阀门的特点是口径大、压高，且是通径（通径是指当阀门全开启后与管道内径相同，以便清管器从中通过）的。

（四）管道防腐材料

管道埋于地下，如果外部不涂敷防腐材料，就极易遭受土壤腐蚀，直接威胁管道寿命。为此，管道在未埋入地下之前，必须在外部涂敷防腐材料。

（五）管道的辅助系统

使用电力作为管道动力的管道系统，在管道建设的同时必须建设供电的电网，这是管道运输最庞大的辅助系统。

其次是通信系统。通信系统对管道系统极为重要，任何一处出现故障，都会影响全线的运行。近代的管道通信走向了信息化和遥控技术。采用新型的数据采集与监控系统，可使管道的自动化进一步提高，从而使成千上万的管道运行由统一的总调度室集中控制。

（六）输送站和线路

以长距离输油管道为例介绍，长距离输油管道由输油站和线路两大部分组成。

1. 输送站

（1）首站（见图9-2）。输油管的起点，即起点输油站，也称首站，主要由油罐区、输油泵房和油品计量装置组成。首站的任务是收集原油或石油产品，经计量后向下一站输送。

图9-2 西气东输轮南站

（2）中间站。石油产品沿管道向前流动，压力不断下降，需要在沿途设置中间输油泵站继续加压以便将油品送到终点，为继续加热则设置中间加热站。

（3）末站。输油管的终点又称末站，它可能属于长距离输油管的转运油库，也可能是其他企业的附属油库。末站的任务是接受来油和向用油单位供油，所以有较多的油罐与准确的计量系统。

2. 线路

长距离输油管的线路部分包括管道本身，沿线阀室，通过河流、公路、山谷的穿（跨）越构筑物，阴极保护设施，以及沿线的简易公路、通信与自控线路、巡逻人员住所等。

对低凝固点的原油都采用常温输送，而对高凝固点的原油则需采用加热输送。

关键练习

通过分组讨论的形式分享课前学习的收获、课内学习的心得，总结阐述管道适宜运输哪些种类的货物，管道运输的发展趋势。

活动二:了解管道运输的形式和分布

知识链接

一、管道运输的形式

管道运输就其铺设工程,可分为架空管道、地面管道和地下管道,其中以地下管道应用最为普遍。视地形情况,一条管道也可能三者兼而有之。

管道运输就其地理范围可分为:从油矿至聚油塔或炼油厂,称为原油管道(crude oil pipeline);从炼油厂至海港或集散中心,称为成品油管道(product oil pipeline);从海港至海上浮筒,称为系泊管道(buoy oil pipeline)。

管道运输就其运输对象又可分为液体管道(fluid pipeline)、气体管道(gas pipeline)和水浆管道(scurvy pipeline)。

此外,管道运输同铁路运输、公路运输一样,也有干线和支线之分。

二、我国管道运输分布的特点

(一) 原油管道分布的特点

(1) 我国石油工业主要分布在东北、华北和东部沿海地区,因而,原油管道也主要集中在这里,约占总长度的76%,且直径在529毫米以上的大型管道占2/3以上。

(2) 许多管道从油田直接通往炼油厂。据统计,由管道供应原油的炼油厂约占全国炼油能力的70%。还有一些管道通往海港、长江沿岸和铁路车站,形成管道与海运、河运、铁路等联运的综合运输系统。

(3) 我国一些大油田是逐步发展起来的,管道是根据油田开发的需要分阶段建设的,因此在一些方向上形成了复线管道,如大庆至铁岭就铺设了两条720毫米的管道。

(4) 由于我国原油凝固点高(20～34℃)、粘度大(20～100厘沱)、含蜡多(10%～25%),需采用管道加热输送方法,因此管道沿线除布置加热泵站外,有的管道还要布置辅助加热站。施工时还应考虑清蜡设施。

(二) 成品油管道分布的特点

由于我国的炼油工业主要分布在东北地区和东部沿海一带,我国各地区成品油的需产很不平衡,造成大量的成品油长途调运。例如,东北地区成品油的产量占全国的33%以上,而当地成品油消费只占全国的9.5%,大量的成品油需通过沈大铁路运往大连港海运,或经由京山铁路运往京津两市和华北、中南地区及四川等地。又如,华东地区成品油除供应本地区需要外,还供应河南、湖北、中南地区及四川等地。华北地区成品油主要供给北京、天津和山西等省、市,秦皇岛油港。中南地区的成品油主要供给广东、广西、云南、贵州、四川和湖南等省、区。西南地区的成品油基本上靠外地供应。

三、管道运输的管理机构

鉴于目前我国的管道运输主要运输的是石油和天然气,分别由中石油和中石化拥有和专管,所以传统意义上的交通运输模式中未含有管道运输。

关键练习

通过分组讨论的形式阐述我国石油产品管道分布的特点和原因。

知识拓展

物料的管道运输方案

物料的管道运输方案有以下两种。

一种方案是把散状或粉尘状物料与液体或气体混合后沿管道运输，这种与液体混合的方式称作浆液运输。它适用于运输煤、天然沥青、砂、木屑、浆料等货物。由于这种方案受物料性质、颗粒大小与重量等因素的限制，运输距离不能太长，同时能耗较多，对管道的磨损也较大。另一种方案是用密封容器装散状物料，放在管道的液流中或用专用载货容器车装散状物置于管道气流中利用压力差的作用运送物料，这种用容器车进行管道运输的方法能运送大量不同的货物。

考核评价

一、自我评价

1. 自我考核

描述管道运输组织主流的形式和所必需的几个基本条件。

2. 自我评价

自我评价，详见表9-1，40分。

表9-1 自我评价

序号	评价内容(每项10分)	得分	亮点
1	课前知识查阅、调研作业完成情况		
2	课前、课中与人沟通、协作表现		
3	课程重点知识掌握情况		
4	课前、课中学习、工作态度表现		

二、学生自评

学生自评，详见表9-2，30分。

表9-2 学生自评

序号	评价内容(每项10分)	得分	亮点
1	课中学习、工作态度表现		
2	课中与人沟通、协作表现		
3	课程重点知识掌握情况		

三、教师评价

教师评价，详见表9-3，30分。

表9-3 教师评价

序号	评价内容(每项10分)	得分	亮点
1	课前知识查阅、调研作业效果		
2	课中参与、协作情况		
3	掌握知识、技能效果		

学习项目10

特种货物运输业务

任务10－1　鲜活易腐类货物运输认知

本任务涉及工作岗位	主对接工作岗位	★ 特种货物货运员
	参与工作岗位	★ 特种货物货代
岗位工作职责	1. 能够独立接待托运人、正确签订易腐类货物运输合同； 2. 根据实际情况，按需要准确地进行合同的变更与解除； 3. 能够妥善处理货物到站交付业务； 4. 能够协调其他各岗位和有关部门共同完成运输任务	
学习目标	知识目标	1. 了解鲜活易腐类货物的类型及特点； 2. 掌握鲜活易腐类货物的运输要求及注意事项
	能力目标	1. 能够分析各类鲜活易腐货物的特性； 2. 能够根据货物特性分析运输关键作业环节
	素养目标	1. 养成勤于思考的习惯，培养及时发现问题、独立处理问题的能力； 2. 能在小组和组间进行交流，敢于表达自己的见解； 3. 有较强的书面和口头表达能力； 4. 有较强的知识检索能力

任务描述

顺丰物流公司接到了一批冻猪肉的运输业务。部门经理把该业务交给了物流主管赵华。赵华考虑到肉类运输需要冷藏运输，须制订详尽的运输计划，该计划应如何做？

根据所给信息完成以下活动。

活动：了解冷藏运输的基本知识。

课前准备

1. 课前要求学生采访同学、朋友、老师：是否了解过公路易腐货物运输？
2. 课前利用教学资源库、教材、网络或到图书馆、书店，查阅有关我国冷藏运输的情况。

任务实施

活动：了解冷藏运输的基本知识

知识链接

一、鲜活易腐货物的含义

鲜活易腐货物是指农、牧、副、渔产品及其加工品，并且绝大多数是食品。鲜活易腐货物由于它们的生产有很大的地区性、季节性和波动性，因此运输的组织工作较复杂。地区性产生了很大的调运任务，加之我国地域辽阔、地形复杂，南北气候温差极大，调运中行经不同地区，往往需要不同的运送条件，有时会出现冷藏、保温和加温 3 种运送方式。

二、鲜活易腐货物运输的特点

（一）产品的季节性

鲜活货物大部分都是季节性产品。例如，水果调运集中在第三季度，水产品则集中在春汛和秋汛期间。

（二）生产波动性

鲜活货物受自然条件的影响，生产波动性很大，收成丰歉，运量多少，不是很准确。

（三）运输时效性

有些鲜活易腐货物要求有特定的采摘时间，如蔬菜、水果，为了减少“田间熟”，需要在清晨温度最低时采摘，再经检查、包装运往站、港，为此需短、长途运输配合；有些鲜活易腐货物又要求在特定时间到达，以便经卸车后清晨上市，提高商品等级。这些都对运输组织工作提出了一系列要求。

三、鲜活易腐货物运输的条件

（一）保持适宜的温度条件

鲜活易腐货物在运输过程中为了防止货物变质需要有一定的温度。该温度一般称作运输温度。温度的大小应根据具体的货种而定。即使是同一货物，由于运输时间、冻结状态和货物成熟度的不同，对运输温度的要求也不一样。

（二）提供合适的湿度

用冷藏方法来储藏和运输鲜活易腐货物时，温度固然是主要的条件，但湿度的高低、通风的强弱和卫生条件的好坏对货物的质量也会产生直接的影响。

（三）需要适当的通风

蔬菜、水果、动物性食物在运输过程中，都需要通风，目的是排除呼吸时放出的二氧化碳、水蒸气和热量，同时换入新鲜空气。但通风对温、湿度又有直接影响，如果外界温度高，通风会提高车内温度和湿度；反之，就会下降。通风的时间也要适当，时间过短达不到换气的目的，时间过长又会影响车内的温度和湿度。

（四）保持良好的卫生条件

卫生条件不好，微生物太多，鲜活易腐货物沾染的机会就多，即使温、湿度适合，食物也易于腐烂。

总之，温度、湿度、通风、卫生 4 个条件之间既互相配合，又互相矛盾，只有充分了解其内部规律,妥善处理好它们相互之间的关系,才能保证鲜活易腐货物的运输质量。

四、鲜活易腐货物运输组织

(一) 托运

发货人托运鲜活易腐货物前,应根据货物的不同特性,做好相应的包装。

(二) 承运

承运鲜活易腐货物时,应由货运员对托运货物的质量、包装和温度进行认真的检查。

(三) 装车

运输部门在接受承运的同时,应根据货物的种类、运送季节、运送距离和运送地点确定相应的运输服务方法,及时地安排适宜车辆(见图 10-1)予以装运。装车前,应认真检查设备的完好情况,注意清洗和消毒。

图 10-1　活鱼专用运输车

(四) 运送

鲜活易腐货物在运送途中,应由托运方指派押运人员沿途照料,并由承运方向其交代安全注意事项,并提供工作和生活上的便利条件;还应充分发挥公路运输快速直达的特点,协调好仓储、配载、运送等环节,及时送达。

关键练习

通过分组讨论的形式分享课前学习的收获、课内学习的心得,总结阐述鲜活货物运输为何在我国还要大力发展。

知识拓展

部分冷冻货物与低温货物的运输温度

冷冻货物的运输温度		低温货物的运输温度	
货名	运输温度/℃	货名	运输温度/℃
鱼	-17.8～-15.0	葡萄	+6～+8
肉	-30.0～-18.0	橘子	+2.0～+10.0
蛋	-15.0～-13.3	带壳鸡蛋	-1.7～+15
虾	-17.8～-15.0	苹果	-1.1～+16
黄油	-12.2～-11.1	红葱	-1.0～+15.0
浓缩果汁	-20.0	土豆	+3.3～+15.0

任务10－2 危险类货物运输认知

本任务涉及工作岗位	主对接工作岗位	★ 特种货物货运员
	参与工作岗位	★ 货运核算员
岗位工作关系	紧前工序	受理托运前的准备工作
	平行工序	接洽客户
	紧后工序	装卸作业
岗位工作职责	1. 上岗前保持精神饱满、端庄大方； 2. 接受客户信息时要认真、详细、礼貌； 3. 建立客户档案，并保持良好的客情关系； 4. 与客户签订公路运输合同； 5. 能够按照客户提供的信息填制运单； 6. 填制单证时要认真、准确，杜绝错填、漏填； 7. 完成上级领导交给的其他工作任务	
学习目标	知识目标	1. 了解危险类货物的概念、类别； 2. 了解危险类货物的基本运输流程； 3. 了解危险类货物运输的特殊要求
	能力目标	1. 能够识别各类危险货物标志； 2. 能够阐述危险货物的一般运输流程； 3. 能够阐述运输危险类货物所需齐备的手续、企业资质
	素养目标	1. 养成负责任的工作态度，认真细致的工作作风； 2. 养成自主学习，及时发现问题、独立处理问题的能力； 3. 与客户沟通时有较强的语言表达能力； 4. 能与小组成员协作完成工作

任务描述

顺丰物流公司接到了一批鞭炮的运输业务，部门经理把此业务交给了物流主管赵华。赵华考虑到鞭炮运输属于危险运输，须制订详尽的运输计划，该计划应如何做？

根据所给信息完成以下活动。

活动：了解危险类货物运输的基本知识。

课前准备

课前利用教学资源库、教材、网络或到图书馆、书店，查阅有关危险类货物运输的基本知识。

任务实施

活动：了解危险类货物运输的基本知识

知识链接

一、危险货物的含义

危险货物是指具有燃烧、爆炸、毒害、腐蚀和放射性、污染等性质，在运输过程中能引起人身伤亡、财产毁损，需要按照有关危险货物运输规则的规定进行运输的货物。根据有关危险货物的运输规则，可将危险货物进一步分成若干种类和若干等级。据统计，目前通过海上运输的货物中有50%以上是危险货物，常运的危险货物达3 000多种。危险货物一旦发生事故，将给人身、财产及环境造成严重的损害。

二、危险货物的分类

危险货物的分类如下。

第一类：爆炸品。

第二类：压缩气体和液化气体。

第三类：易燃液体。

第四类：易燃固体、自燃物品和遇湿易燃物品。

第五类：氧化剂和有机过氧化物。

第六类：毒害品和感染性物品。

第七类：放射性物品。

第八类：腐蚀品。

第九类：杂项危险物质和物品。

> **想一想**
>
> 周边是否有存放危险货物的场所？经过这些场所时应注意什么？

三、危险货物运输的基本条件

以公路运输为例，凡从事道路危险货物运输的单位，必须拥有能保证安全运输危险货物的相应设施设备；从事营业性道路危险货物运输的单位，必须具有10辆以上专用车辆的经营规模，5年以上从事运输经营的管理经验，配有相应的专业技术管理人员，并已建立健全安全操作规程、岗位责任制、车辆设备维护修理和安全质量教育等规章制度；直接从事道路危险货物运输、装卸、维修作业和业务管理的人员，必须掌握危险货物运输的有关知识，经当地的地（市）级以上道路运政管理机关考核合格发给道路危险货物运输操作证后，方可上岗作业；运输危险货物的车辆、容器、装卸机械及工具，必须符合交通部JT617—2004《汽车危险货物运输规则》规定的条件，并经道路运政管理机关审验合格。

四、危险货物运输管理

（一）危险货物托运人在办理托运时须做到的事项

（1）必须向已取得道路危险货物运输经营资格的运输单位办理托运。

（2）必须在托运单上填写危险货物品名、规格、件重、件数、包装方法、起运日期、收发货人详细地址及运输过程中的注意事项。

（3）货物性质或灭火方法相抵触的危险货物，必须分别托运。

（4）对有特殊要求或需凭证运输的危险货物，必须附有相关单证，并在托运单“备注”栏内注明。

（5）托运未列入汽车运输危险货物品名表的危险货物新品种，必须提交危险货物鉴定表。

凡未按以上规定办理危险货物运输托运，由此发生运输事故的，由托运人承担全部责任。

（二）危险货物承运人在受理托运和承运时须做到的事项

（1）根据托运人填写的托运单和提供的相关资料，予以查对核实，必要时应组织承、托运双方到货物现场和运输线路进行实地勘查，其费用由托运人负担。

（2）承运爆炸品、剧毒品、放射性物品及需控温的有机过氧化物，使用受压容器罐运输烈性危险品，以及危险货物月运量超过100吨，均应于起运前10天，向当地道路运政管理机关报送危险货物运输计划，包括货物品名、数量、运输线路和运输日期等。

（3）在装运危险货物时，要按JT617—2004《汽车危险货物运输规则》规定的包装要求进行严格检查。凡不符合规定要求的，不得装运。危险货物性质或灭火方法相抵触的货物严禁混装。

（4）运输危险货物的车辆严禁搭乘无关人员，运行中驾乘人员严禁吸烟，停车时不准靠近明火和高温场所。

（5）运输结束后，必须清扫车辆、清除污染，其费用由货主负担。

凡未按以上规定受理托运和承运，由此发生运输事故的，由承运人承担全部责任。

关键练习

描述完成危险类货物运输的要点。

知识拓展

危险货物标志

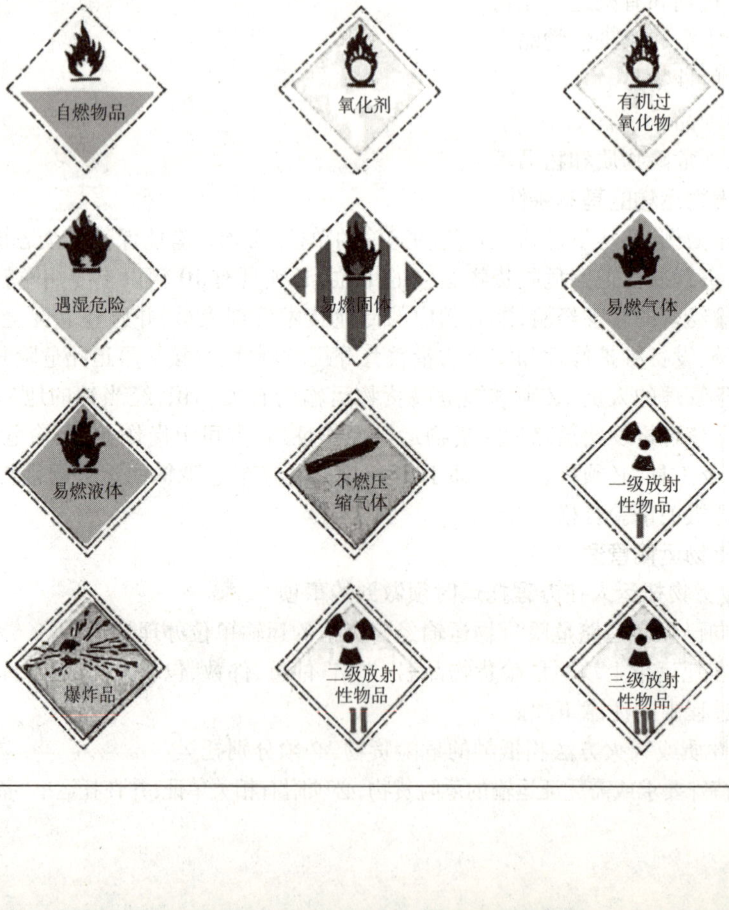

任务10－3 长大笨重类货物运输认知

<table>
<tr><td rowspan="2">本任务涉及工作岗位</td><td colspan="2">主对接工作岗位</td><td>★ 特种货物货运员</td></tr>
<tr><td colspan="2">参与工作岗位</td><td>★ 装卸工</td></tr>
<tr><td rowspan="3">岗位工作关系</td><td colspan="2">紧前工序</td><td>受理托运</td></tr>
<tr><td colspan="2">平行工序</td><td>到货通知</td></tr>
<tr><td colspan="2">紧后工序</td><td>到达交付</td></tr>
<tr><td>岗位工作职责</td><td colspan="3">1. 协助落实货场的作业规范和管理制度；
2. 合理使用货场货位和搬运设施并对其进行适当的维护；
3. 协助进行有关货损、货差等异常情况的调查、原因分析、责任落实和改进措施的落实；
4. 组织正确、安全地执行货物装卸、搬运、堆码与保护等作业指令；
5. 负责装完货后向货运核算员转交相关单据；
6. 加强装卸组织工作，严防装卸事故发生</td></tr>
<tr><td rowspan="3">学习目标</td><td>知识目标</td><td colspan="2">1. 了解长大笨重类货物装车前准备作业的内容；
2. 了解长大笨重类货物装卸作业的要求</td></tr>
<tr><td>能力目标</td><td colspan="2">1. 能够阐述运输长大笨重类货物所需齐备的手续、企业资质；
2. 能够按规定完成长大笨重类货物装卸作业</td></tr>
<tr><td>素养目标</td><td colspan="2">1. 养成严谨、认真、细致的工作态度；
2. 养成自主学习的习惯，培养及时发现问题、独立处理问题的能力；
3. 树立安全第一、预防为主的安全生产意识；
4. 能与小组成员协作完成工作</td></tr>
</table>

任务描述

顺丰物流公司接到了太原至内蒙古莫力达瓦达斡尔族自治旗运输1 000千瓦风力发电扇叶的任务，长30米。部门经理把该任务交给了物流主管赵华。赵华考虑到该批货物运输属于超限运输，须制订详尽的运输计划，该计划应如何做？

根据所给信息完成以下活动。

活动：了解长大笨重类货物运输的基本知识。

课前准备

课前利用教学资源库、教材、网络或到图书馆、书店，查阅有关长大笨重类货物运输时的操作要求，并了解长大笨重类货物装卸作业的流程。

任务实施

活动：了解长大笨重类货物运输的基本知识

知识链接

一、长大笨重货物的含义

长大笨重货物（即超限大件货物）是指单件体积过长或过大、重量超过一定界限的货物。例如，我国港航计费规定，每件超过5吨为重件，长度超过12米或宽度超过3米为超高或超宽件。在国际贸易货物运输中，有时也可根据船舶、码头的起吊能力作为划分重大件货物的标准。

二、超限大件货物的特点

长、大、笨重是大件超限货物的基本特征，在运输管理中除此之外，还必须考虑这类货物其他的一些具体特点。

（一）脆弱性

绝大多数重件货物由金属构成，机件根据使用要求有不同的强度和精度，在运输时，应严防遭受各种可能的腐蚀和撞击损伤。否则，可能会由于局部的损伤而使整体失去使用价值。

相当多的重件货物的某些部位比较脆弱，即局部脆弱性，如车辆的壳体、窗玻璃及灯具、机械设备的精密构件等，这些部位极易受到损坏，在运输中应给予足够的重视。

（二）成套性

相当多的重件货物属于成套货物装备的一部分，一般有主构件和装配件之分，这些货物（包括裸装时拆下另加包装的部分与裸装主体）都具有成套性。运输中应严防这种成套装备中的个别货件损坏或丢失。成套设备的壁板必须抄号交接，防止混入其他件杂货中。在舱内分票验残时，如果发现原残严重，并有可能扩大残损时，应立即通知货方到现场验残，必要时，应取得有效的签证和落实措施后再起装货物，并可拍照备查，以便分清港航双方的责任。

此外，货物的重心位置往往都不在货件的中心位置，起吊作业前，必须查明货件重心位置（按规定，货件上应有关于重心位置的指示标志），切忌盲目操作。

三、超限大件货物运输的业务流程

依据超限货物运输的特殊性，其组织工作环节主要包括办理托运、理货、验道、制订运输方案、签订运输合同、线路运输工作组织，以及运输统计与结算等项。

（一）办理托运

大型物件托运人（单位）向已取得大型物件运输经营资格的运输业户或其代理人办理托运时，托运人必须在托运单上如实填写物件的名称、规格、件数、件重、起运日期、收发货人的详细地址及运输过程中的注意事项。凡未按上述要求办理托运或运单未填写明确，由此发生运输事故的，由托运人承担全部责任。

（二）理货

理货是大件运输企业对货物的几何形状、重量和重心位置事先进行了解，取得可靠数据和图纸资料的工作过程。通过理货工作分析，可为确定超限货物级别及运输形式、查验道路以及制订运输方案提供依据。

（三）验道

验道工作的主要内容包括：查验运输沿线全部道路的路面、路基、纵向坡度、横向坡度及弯道超高处的横坡坡度、道路的竖曲线半径、通道宽度及弯道半径,查验沿线桥梁涵洞、高空障碍,查看装卸货现场、倒载运现场,了解沿线地理环境及气候情况。根据上述查验结果预测作业时间、编制运行路线图,完成验道报告。

(四) 制订运输方案

在充分研究、分析理货报告及验道报告的基础上,制订安全可靠、可行的运输方案。其主要内容包括:配备牵引车、挂车组及附件,配备动力机组及压载块,确定限定最高车速,制定运行技术措施,配备辅助车辆,制订货物装卸与捆扎加固方案,制订和验算运输方案,完成运输方案的书面文件。

(五) 签订运输合同

根据承、托运双方填写的委托运输文件及承运方进行理货分析、验道、制订运输方案的结果,承、托运双方签订书面形式的运输合同。其主要内容包括:明确托运与承运甲乙方、大型物件数据及运输车辆数据、运输起讫地点、运距与运输时间,明确合同生效时间、承托运双方应负责任、有关法律手续及运费结算方式、付款等。

(六) 线路运输工作组织

线路运输工作组织包括:建立临时性的大件运输工作领导小组负责实施运输方案,执行运输合同和相应对外联系。领导小组下设行车、机务、安全、后勤生活、材料供应等工作小组及工作岗位并健全相关工作岗位责任制,组织大型物件运输工作所需牵引车驾驶员、挂车操作员、修理工、装卸工、工具材料员、技术人员及安全员等依照运输工作岗位责任及整体要求认真操作、协调工作,保证全面、准确地完成大件运输工作。

(七) 运输统计与结算

运输统计指定完成公路大型物件运输工作的各项技术经济指标统计,运输结算即完成运输工作后按运输合同有关规定结算运费及相关费用。

关键练习

学生分组根据所给信息描述长大笨重类货物的运输流程。

知识拓展

世界上最大的卡车

卡特彼勒797型自卸载重车是迄今为止最大的卡车。797型自卸载重车体形大,长约15米,当其翻斗放下时,有23.9英尺(约7.3米)高;当其倾翻时,有49.3英尺(约16米)高。

考核评价

一、自我评价

1. 自我考核

(1) 分析鲜活易腐类货物运输要点。

(2) 分析危险类货物运输要点。

(3) 分析长大笨重类货物运输要点。

2. 学生自评

学生自评,详见表10-1,40分。

表10-1 学生自评

序号	评价内容(每项10分)	得分	亮点
1	课前知识查阅完成情况		
2	课前、课中与人沟通、协作表现		
3	任务完成情况		
4	课前、课中学习、工作态度表现		

二、小组(同学)评价

小组(同学)评价,详见表10-2,30分。

表10-2 小组(同学)评价

序号	评价内容(每项10分)	得分	亮点
1	课中学习、工作态度表现		
2	课中与人沟通、协作表现		
3	课程重点知识掌握情况		

三、教师评价

教师评价,详见表10-3,30分。

表10-3 教师评价

序号	评价内容(每项10分)	得分	亮点
1	课前知识查阅效果		
2	课中参与、协作情况		
3	掌握知识、技能效果		

学习项目11 合同权利义务分析

任务11－1　运输合同订立与履行

本任务涉及工作岗位	主对接工作岗位	★ 承运人（运输部门业务员）
	参与工作岗位	★ 托运人（货主或其代理）
岗位工作职责	1. 承运人准备的合同，其基本条款要具备，尤其是交易的内容、履行方式和期限、违约责任要约定清楚； 2. 确定双方的权利、义务是否合法、有效； 3. 向律师事务所、公司法律顾问咨询相关业务的实际开展情况，了解业务发生纠纷的概率和纠纷的起因、种类，以便在订立合同时尽可能避免同样问题的发生； 4. 可能的话，通过行政机关的公证、律师事务所等相关机构的介入，使合同的内容尽可能完备； 5. 在签署合同时，合同表面要字迹清楚、整洁，推荐使用合同专用纸张打印； 6. 负责组织建立客户信息档案，对客户分级管理，并建立健全大客户档案，对大客户进行管理维护； 7. 完成领导交办的其他工作	
学习目标	知识目标	1. 了解运输合同的分类和特征； 2. 掌握运输合同的订立程序
	能力目标	1. 能够归纳货物运输合同的主要条款； 2. 能够变更和解除合同
	素养目标	1. 养成勤于思考的习惯，培养及时发现问题、独立处理问题的能力； 2. 能在小组和组间进行交流，敢于表达自己的见解； 3. 能和客户进行沟通，有较强的语言表达能力和得体的接洽礼仪； 4. 有较强的自主学习、总结归纳能力

任务描述

水路货物运输合同

海运计字第　号

根据《中华人民共和国合同法》和海上运输管理规定的要求，　　　　　（简称“甲方”）向省交通厅海运局（简称“乙方”），计划托运货物，乙方同意承运，特签订本合同，共同遵守，互相制约，具体条款经双方协商如下。

一、运输方法

乙方调派　　　　吨位船舶一艘(船舶吊货设备),应甲方要求由　　　　　港运至　　　　港,按现行包船运输规定办理。

二、货物集中

甲方应按乙方指定时间,将货物于　　天内集中于　　港,货物集齐后,乙方应在　　天内派船装运。

三、装船时间

甲方联系到达港同意安排卸货后,经乙方落实并准备接收集货(开集日期由乙方指定)。装船作业时间,自船舶抵港已靠好码头时起于　　小时内装完货物。

四、运到期限

船舶自装货完毕办好手续时起于　　小时内将货物运到目的港。否则按货规第三条规定承担滞延费用。

五、起航联系

乙方在船舶装货完毕起航后,即发报通知甲方做好卸货准备,如需领航时亦通知甲方按时派引航员领航,费用由甲方负担。

六、卸货时间

甲方保证乙方船舶抵达港锚地,自下锚时起于　　小时内将货卸完。否则甲方按超过时间向乙方交付滞延金每吨时0.075元。在装卸货过程中,因天气影响装卸作业的时间,经甲方与乙方船舶签证,可按实际影响时间扣除。

七、运输质量

乙方装货时,甲方应派员监装,指导工人按章操作,装完船封好舱,甲方可派押运员(免费一人)随船押运。乙方保证原装原运,除因船舶安全条件所发生的损失外,对于运送货物的数量和质量均由甲方自行负责。

八、运输费用

按省水运货物一级运价率以船舶载重吨位计货物运费　　　　元,空驶费按运费的50%计,全船运费为　　　　元,一次计收。港口装船费用,按省港口收费规则有关费率计收。卸船等费用,由甲方直接与到达港办理。

九、费用结算

本合同经双方签章后甲方应先付给乙方预付运输费用　　　　元,乙方在船舶卸完后,以运输费用凭据与甲方一次结算,多退少补。

十、附则

本合同甲、乙双方各执正本一份,副本若干份。本合同应向工商行政管理局登记备案。如有未尽事宜,得按省交通厅海上运输管理规定和《中华人民共和国合同法》的有关规定协商办理。

甲方(盖章):	乙方(盖章):
代表人:	代表人:
开户银行:	开户银行:
账号:	账号:
年　月　日	年　月　日

根据水路货物运输合同的条款内容完成以下活动。

活动一:归纳总结合同的主要条款。

活动二:办理合同事项的变更。

课前准备

课前利用教学资源库、教材、网络或到图书馆、书店,查阅有关合同签订的具体要求和注意事项。

任务实施

活动一:归纳总结合同的主要条款

知识链接

一、合同和运输合同的定义

合同是指平等主体的自然人、法人、其他组织之间设立、变更、终止民事权利、义务关系的协议。

运输合同是指承运人将旅客或货物从起运地点运输到约定地点,旅客、托运人或收货人支付票款或运输费用的合同。

二、运输合同的特点

(1) 当事人是货主和承运人双方。

(2) 运输合同是义务有偿合同,作为当事人的双方要互相承担义务,所承担的义务根据合同规定。

(3) 国家提供基础平台的运输领域(如铁路运输、航空货运等),运输合同是有固定格式的标准合同,如运输的速度、运输路线、运输标准等。

(4) 对于构成国家物流平台一部分的运输部门,作为向社会公众提供服务的货物运输,一般都明示合同文本。

(5) 如果承运人是一般运输企业,如第三方物流企业,运输合同的确立则需要进行协议、谈判,双方共同约定协议条款。

三、运输合同的分类

运输合同可分为客运合同、货运合同和多式联运合同。其中,货运合同的分类如下。

(1) 按所运货物的不同,可分为普通货物运输合同、危险货物运输合同和鲜活货物运输合同。

(2) 按运输过程中运输部门是否有协作关系,可分为一般货物运输合同和联运货物运输合同。

(3) 按运输方式的不同,可分为铁路货物运输合同、公路货物运输合同、水路货物运输合同、航空货物运输合同和管道货物运输合同。

四、运输合同的订立程序

(一) 要约

要约是当事人一方向对方发出的希望与其订立合同的意思表示。发出要约的一方称要约人，接收要约的一方称受要约人。

（二）承诺

承诺是受要约人按照所指定的方式对要约的内容表示同意的一种意思表示。

五、货物运输合同的主要条款

（1）托运人、收货人的名称、地址、邮政编码、联系电话。

（2）承运人的名称、地址、邮政编码、电话、发站（港）、到站（港）名称。

（3）托运货物的品名、数量、重量、件数等。

（4）托运货物的包装要求。

（5）货物的接收与交付。

（6）运输方式。

关键练习

通过分组讨论的形式分享课前学习的收获、课内学习的心得，通过角色扮演的形式模拟承运人和托运人签订运输合同。

活动二：办理合同事项的变更

知识链接

变更和解除水路运输合同应当遵循法律的规定、符合法定的条件。

一、变更和解除水路运输合同的程序

托运人要求变更运输时，应征得承运人同意后，提出货物变更运输要求书并随附领货凭证或其他有效证件。

由于承运人原因需要变更运输时，必须征得托运人同意，未经同意不得擅自变更。

二、变更和解除水路运输合同的形式

变更或解除月度货物运输应当采用书面形式（包括文书、电报或变更计划表等，运输变更申请书如表11－1所示），必须在货物发送前，由要求变更或解除的一方向对方提出。月度货物运输合同只能变更一次。

表11－1 运输变更申请书

提出日期：　年　月　日　时

原运单号码	
受理变更序号	

变更事项及原运单记载事项	
托运人记事及特约事项	
承运人记事及特约事项	

申请变更人名称：　经办人：　电话：　地址：

【说明】托运人在货物起运前，或是在合同约定的期限内，因故需变更运输货物的名称、数量、起讫地点、运输时间、收发货人时，应填写本申请书向承运人提出（也可采用信函、电报等形式）。但是，在货物起运后，在可能的条件下，只允许变更货物到达地或收货人。

三、允许变更和解除的范围

有下述情形之一的月度货物运输合同允许变更或解除：

（1）由于不可抗力使运输合同无法履行；

（2）订立运输合同所依据的国家计划被变更或取消；

（3）合同当事人一方违约，使合同履行成为不必要或不可能；

（4）因合同当事人一方关闭、停产、转产而确定无法履行合同；

（5）在不损害国家利益和不影响国家计划的前提下，经当事人双方协商同意。

四、以货物运单作为运输合同的，变更或解除运输合同应注意事项

（1）货物发运前，承运人或托运人征得对方同意，可以解除运输合同。托运人提出解除合同的，应付给承运人已发生的费用；承运人提出解除合同的，应退还已收的运输费，并付给托运人已发生的费用。

（2）货物发运后，承运人或托运人征得对方同意，可以变更货物的目的地和收货人。同一运单的货物只能变更一次，但不得变更其中的一部分。变更指令性运输计划内的货物，除必须征得对方同意外，还必须报下达该计划的主管部门核准。

（3）由于自然灾害、执行政府命令或军事行动，货物不能运抵目的地时，承运人可以到就近地运货，并及时通知托运人或收货人提出处理意见。

（4）合同中订有变更条款的，应按双方的变更条款办理。

关键练习

通过角色扮演的形式模拟货物运输合同进行变更的手续和流程。

知识拓展

铁路不办理的变更

由于货物运输变更破坏了运输计划、影响了车流组织、产生了多余的调车作业，有时还会造成不合理运输。因此，铁路不办理下列变更。

- 违反国家法律、行政法规。
- 违反货物流向。
- 违反运输限制。
- 蜜蜂运输。
- 易腐货物变更后，新的货物运到期限大于原货物容许运输期限。
- 变更一批货物中的一部分。
- 第二次变更到站。

任务 11－2 当事人权义和违约赔偿责任分析

<table>
<tr><td rowspan="2" colspan="2">本任务涉及工作岗位</td><td>主对接工作岗位</td><td>★ 承运人(运输部门业务员)</td></tr>
<tr><td>参与工作岗位</td><td>★ 收货人或其代理人</td></tr>
<tr><td>岗位工作职责</td><td colspan="3">1. 承运人准备的合同，其基本条款要具备，尤其是交易的内容、履行方式和期限、违约责任要约定清楚；
2. 确定双方的权利、义务是否合法、有效；
3. 向律师事务所、公司法律顾问咨询相关业务的实际开展情况，了解业务发生纠纷的概率和纠纷的起因、种类，以便在订立合同时尽可能避免同样问题的发生；
4. 可能的话，通过行政机关的公证、律师事务所等相关机构的介入，使合同的内容尽可能完备；
5. 在签署合同时，合同表面要字迹清楚、整洁，推荐使用合同专用纸张打印；
6. 负责组织建立客户信息档案，对客户分级管理，并建立健全大客户档案，对大客户进行管理维护；
7. 完成领导交办的其他工作</td></tr>
<tr><td rowspan="3">学习目标</td><td>知识目标</td><td colspan="2">1. 了解运输合同当事人的权利；
2. 掌握运输合同当事人的义务</td></tr>
<tr><td>能力目标</td><td colspan="2">1. 能够按照规定进行赔偿；
2. 能够正确定义免责的情况</td></tr>
<tr><td>素养目标</td><td colspan="2">1. 养成勤于思考的习惯，培养及时发现问题、独立处理问题的能力；
2. 能在小组和组间进行交流，敢于表达自己的见解；
3. 能和客户进行沟通，有较强的语言表达能力和得体的接洽礼仪；
4. 有较强的自主学习、总结归纳能力</td></tr>
</table>

任务描述

新城城信诉化鱼山火车站铁道货运合同案如下。

原告内蒙古自治区呼和浩特市新城城信经销部诉被告南京铁路分局化鱼山火车站铁路货物运输合同纠纷案，向南京铁路运输法院提起诉讼。

原告诉称：原告以每千克 1.76 元收购的葵花子 34 650 千克，共 770 件，委托呼和浩特火车站客货服务公司运输到被告所属的芜湖西站，交安徽省芜湖市果品食杂公司收货。到站卸车时，收货人发现车厢内有严重异味，拒收货物。原告因此遭受经济损失。要求被告按货价、包装费及运费等共计 68 179.50 元，赔偿全部损失。

被告辩称：装载原告货物的车厢内有异味一事属实。但经卫生检疫部门检验，该异味仅使原告货物的包装物受到污染，货物本身并未污染，因而不存在货物损失。同意赔偿原告所遭受的污染包装麻袋的实际损失，不承担其他赔偿责任。

南京铁路运输法院审理查明：2011 年 11 月 3 日，原告将其收购的葵花子 34 650 千克，共 770 件，委托呼和浩特火车站客货服务公司发运零担。呼和浩特火车站承运后，于当日将此批货物装入 637281 号车皮。11 月 9 日，该车抵达芜湖西站。当日，在该站当班货运员监督下，收货人安徽省芜湖市果品食杂公司到站提货。卸车时,车厢内异味严重,装卸工均感头昏。收货人见此情况,拒收货物,并向芜湖铁路卫生防疫站报检。芜湖铁路卫生防疫站现场勘查后,认为此批货物有被污染的可能,遂全部封存,取样送卫生部食品卫生监督检验所检验。检验结论是:在装载货物车厢内的残存物中检出3911(剧毒农药),含量为591.66 mg/kg;在包装葵花子的麻袋中检出3911,含量为100 mg/kg。经铁路到站顺查,发现该车皮于2011年10月18日曾装运过3911。卸车后,该车皮被回送到郑州东站经洗刷消毒后又投入使用。在此次装运葵花子前,该车皮已经过先后多次排空和装运水泥两次。还查明:原告所述葵花子每千克收购价1.76元不实,应为每千克1.60元。在诉讼过程中,被告对收货人拒收的葵花子,按照卫生防疫部门的规定进行严格的可食性处理后,根据国家经济委员会颁布的《关于港口、车站无法交付货物的处理办法》予以变卖,收回价款42 770元。南京铁路运输法院认为:郑州火车东站对装运过剧毒农药的车皮洗刷消毒不彻底,呼和浩特火车站使用明显有异味的车皮装运葵花子,是造成货物包装被污染的直接原因。责任应由铁路货物运输合同中的承运方承担。化鱼山火车站作为芜湖西站的主管部门,又是代表承运方对原告的赔偿要求进行处理的单位,应当承担赔偿责任。依照《中华人民共和国经济合同法》第四十一条第一款第一项第三目的规定,承运方应对运输过程中货物的污染,按货物的实际损失(包括包装费、运杂费)赔偿。该案的实际损失如何确定?收货人在货物从有严重异味的车皮中卸出,在无法查明异味产生的原因及程度的情况下,予以拒收,是合理的;后虽查明此次污染只涉及货物的包装麻袋,不涉及货物本身,但为了人身安全,坚持按照防疫部门的规定必须经过严格的可食性处理才能食用,仍然拒收,也是合理的。因此,本案的实际损失应按原告支出的葵花子收购价、包装费及运杂费,由被告赔偿。被告答辩实际损失只是被污染麻袋的损失这一理由,不能成立。

南京铁路运输法院在查清事实、分清是非、明确责任的基础上主持调解,原告与被告于2012年4月12日自愿达成如下协议:

被告化鱼山火车站除将已处理的葵花子货款42 770元返还给原告外,再赔偿原告经济损失20 330.40元,两项共计赔偿原告经济损失63 100.40元。

根据所给信息完成以下活动。

活动一:掌握合同当事人的权义。

活动二:认定和处理对合同的违约责任。

课前准备

课前利用教学资源库、教材、网络或到图书馆、书店,查阅有关货物运输合同中当事人的权利和义务,或通过查阅更多案例深入了解。

任务实施

活动一:掌握合同当事人的权义

知识链接

一、运输合同当事人的权利

(一)托运人的权利

(1)要求承运人按合同约定的时间安全运输到约定的地点。

(2) 在承运人将货物交付收货人前,托运人可以请求承运人中止运输、返还货物、变更到货地点或将货物交给其他收货人,但由此给承运人造成的损失应予赔偿。

(二) 承运人的权利

(1) 收取运费及符合规定的其他费用。

(2) 对逾期提货的,承运人有权收取逾期提货的保管费。

(3) 对不支付运费、保管费及其他有关费用的,承运人可以对相应的运输货物享有留置权。

(4) 对收货人不明或收货人拒绝受领货物的,承运人可以提存货物,不适合提存货物的,可以拍卖货物提存价款。

(三) 收货人的权利

(1) 承运人将货物运到指定地点后,持凭证领取货物的权利。

(2) 在发现货物短少或灭失时,请求承运人赔偿的权利。

二、运输合同当事人的义务

(一) 托运人的义务

(1) 托运人办理货物运输,应当向承运人准确表明收货人的名称或姓名、收货地点、货物的性质、重量、数量、收货地点,以及其他有关货物运输的情况。

(2) 货物运输需要办理审批、检验等手续的,托运人应当将办理完有关手续的文件提交承运人。

(3) 托运人应当按照约定的方式包装货物。对包装方式没有约定或约定不明确的,应当按照通用的包装方式。没有通用包装方式的,应当采取足以保护标的物的包装方式。

(4) 托运人托运易燃、易爆、有毒、有腐蚀性、有放射性等危险物品的,应当按照有关危险物品运输的规定对危险物品妥善包装,作出危险物标志和标签,并将有关危险物品的名称、性质和防范措施的书面材料提交承运人。

(5) 按照规定交付运杂费。在托运货物的同时,按照合同规定的结算方式付清运输费用。实行保价运输的货物,应提出货物清单,逐项声明价格,并按声明价格支付规定的保价费。

(二) 承运人的义务

(1) 按合同约定调配适当的运输工具和设备,接收承运的货物。

(2) 承运人应按照约定的时间将运输的货物送达目的地。

(3) 承运人应当将运输的货物安全送达目的地。如果货物发生灭失、短少、变质、污染、损坏等情况,需按规定进行赔偿。

(4) 从接收货物时起至交付收货人之前,负有安全运输和妥善保管的义务。

(5) 文明承运,杜绝野蛮装卸、放任管理。

(6) 按照协议满足托运人变更合同。

(7) 对所承运货物在途情况、到货情况有义务通知托运当事人或收货当事人。

(8) 承运人应于货物运达到货地点后24小时内向收货人发出到货通知,将货物交付收货人。

(三) 收货人的义务

(1) 收货人在接到提货通知后,应持提货证明或其他有效证件在规定的时间内提取货物。

(2) 支付应由收货人承付的运费、运杂费、逾期保管费等费用。

(3) 在约定期限内进行检验并对运输质量进行认定。

关键练习

通过分组讨论的形式分享课前学习的收获、课内学习的心得，阐述承运人和托运人应履行的权义是什么。

活动二：认定和处理对合同的违约责任

知识链接

运输合同当事人的违约责任如下。

（一）托运人的违约责任

1. 向承运人偿付违约金

（1）按月签订的货物运输合同，托运人在履行时未提供足够的货源，应按落空的货源偿付违约金。

（2）承运前取消运输。

2. 按实际损失赔偿

由于下列原因之一导致运输工具、设备或第三者的货物损坏，按实际损失赔偿。

（1）在普通货物中夹带流质易腐货物，或托运普通货物时未向承运人声明所含有害物质的性质和程度。

（2）在普通货物中夹带危险货物，托运危险货物匿报品名、隐瞒性质和违反危险货物运输规定。

（3）错报笨重货物的重量。

（4）货物包装材料强度不够，内部支衬不当等。

（5）运输标志错制、漏制。

（二）承运人的违约责任

1. 向托运人偿付违约金的情形

（1）按月度签订的货物运输合同，承运人在履行时未配备足够的运力，应按落空的运量偿付违约金。

（2）所调拨运输工具的完整和清扫状态，不适合所运货物的要求。

（3）由于承运人的责任导致托运人无法装运的。

（4）承运人未按规定或约定的时间，将货物运抵到达港的。

（5）由于承运人责任发生货物错运、错交，应无偿运回合同规定的到达港，交给指定的收货人的。由此发生的逾期运到，还应该偿付逾期违约金。

2. 按规定进行赔偿

从承运货物时起，至货物交付收货人，或依照规定处理完毕时止，货物发生灭失、短少、变质、污染、损坏，按下列规定赔偿：

（1）已投保货物运输险的货物，由承运人和保险公司按规定赔偿；

（2）实行保价运输的个人生活用品，由承运人按声明价格赔偿，但货物实际损失低于声明价格的，按实际损失赔偿；

（3）其他情况下，均由承运人按货物的实际损失赔偿。

3. 免责条件

承运人证明货物的灭失、短少、变质、污染、损坏完全是由于下列原因之一造成的，不承担赔偿责任：

(1) 不可抗力(自然灾害、战争和武装冲突、政府行为等)；

(2) 货物的自然属性和潜在缺陷；

(3) 有生动植物的疾病、死亡、枯萎、减重；

(4) 包装内在缺陷或包装完整、内容不符；

(5) 标记错制、漏制、不清；

(6) 托运人、收货人或所派押运人的过错。

(三) 收货人的违约责任

(1) 由于收货人的过错,造成承运人或第三者的损失的,收货人应承担赔偿责任。

(2) 收货人应在规定的期限内提取货物,逾期提取的,应向承运人支付保管费用和其他应付费用。

想一想

是否出现过买回的商品有货损的情况？你又是如何解决的？

关键练习

通过角色扮演的形式模拟收货人和承运人因货损导致的合同纠纷与解决。

知识拓展

铁路货运合同索赔时效

1. 货运合同对赔偿要求的提出期限

承运人同托运人或收货人相互间要求赔偿或退补费用的时效期限为180日(要求铁路支付运到期限违约金为60日)。托运人或收货人向承运人要求赔偿或退还运输费用的时效期限,从下列日期起算。

(1) 货物灭失、短少、变质、污染、损坏,为车站交给货运记录的次日。

(2) 货物全部灭失未编有货运记录,为运到期限满期的第十六日,但鲜活货物为运到期限满期的次日。

(3) 要求支付货物运到期限违约金,为交付货物的次日。

(4) 多收运输费用,为核收该项费用的次日。承运人向托运人或收货人要求赔偿或补收运输费用的时效期限,从发生该项损失或少收运输费用的次日起算。

2. 货运合同对赔偿要求的答复期限

合同一方当事人在收到对方的赔偿要求时,应及时作出答复,作出同意与否或修改与否的意思表示。当事人答复的期限为自收到书面赔偿要求的次日起30日,如果是跨两个铁路局以上的货运的答复期限为60日。如果被要求方未在上述期限内作出答复意见,则视为默示同意对方的要求。

索赔一方对对方的答复有不同意见时,应在接到答复的次日起60日内提出。否则,视为默示同意对方的答复。

考核评价

一、自我评价

1. 自我考核

（1）描述货物运输合同中出现的相似条款和内容。

（2）描述货物运输合同中出现相免除责任的条件。

2. 学生自评

学生自评，详见表11-2，40分。

表11-2 学生自评

序号	评价内容（每项10分）	得分	亮点
1	课前知识查阅、调研作业完成情况		
2	课前、课中与人沟通、协作表现		
3	课程重点知识掌握情况		
4	课前、课中学习、工作态度表现		

二、小组（同学）评价

小组（同学）评价，详见表11-3，30分。

表11-3 小组（同学）评价

序号	评价内容（每项10分）	得分	亮点
1	课中学习、工作态度表现		
2	课中与人沟通、协作表现		
3	课程重点知识掌握情况		

三、教师评价

教师评价，详见表11-4，30分。

表11-4 教师评价

序号	评价内容（每项10分）	得分	亮点
1	课前知识查阅、调研作业效果		
2	课中参与、协作情况		
3	掌握知识、技能效果		

学习项目12 集装箱运输组织

任务12－1 集装箱运输认知

本任务涉及工作岗位	主对接工作岗位	★ 无船承运人
	参与工作岗位	★ 实际承运人、集装箱码头经营人
岗位工作职责	1. 作为承运人与货物托运人订立运输合同,签发货运单据(提单、运单),并对从接收货物地点到目的地交付货物地点的运输负责; 2. 作为总承运人组织货物全程运输,制订全程运输计划,并组织各项活动的实施; 3. 根据托运人要求及货物的具体情况,与实际承运人洽定运输工具(订舱); 4. 从托运人手中接收货物,组织安排或代办到出口港的运输,订立运输合同(以本人的名义),并把货物交给已订舱的海运承运人。在上述交接过程中,代货主办理报关、检验、理货等手续; 5. 办理货物储存和出库业务; 6. 在目的港从海运承运人手中接收货物后,向收货人交付货物	
学习目标	知识目标	1. 认识集装箱,了解集装箱的种类; 2. 掌握集装箱的装箱方式
	能力目标	1. 能够根据货物选择适用的集装箱; 2. 能够掌握集装箱货物出口流程
	素养目标	1. 养成勤于思考的习惯,培养及时发现问题、独立处理问题的能力; 2. 能在小组和组间进行交流,敢于表达自己的见解; 3. 能和客户进行沟通,有较强的语言表达能力和得体的接洽礼仪; 4. 能够适应科技进步、社会发展; 5. 能够具有物流合理化意识,具有节约资源、绿色环保的生态能力

任务描述

2015年4月1日,山西汾酒集团太原分公司以集装箱形式将4 000箱老白汾酒运往美国洛杉矶市,通知人和收货人为洛杉矶逍遥集团的卓东来先生。

根据所给信息完成以下活动。

活动一:充当无船承运人为山西汾酒集团服务,根据货物选择合适的集装箱。

活动二:充当无船承运人,办理该批货物的出口业务。

课前准备

课前利用教学资源库、教材、网络或到图书馆、书店,查阅有关集装箱运输的营运模式和集装箱运输在进出口贸易中的地位。

任务实施

活动一:充当无船承运人为山西汾酒集团服务,根据货物选择合适的集装箱

知识链接

一、认识集装箱

国际标准化组织对集装箱下的定义为,集装箱是一种运输设备,应满足以下要求:

(1) 具有耐久性,其坚固强度足以反复使用;

(2) 便于商品运送而专门设计的,在一种或多种运输方式中运输时无须中途换装;

(3) 设有便于装卸和搬运的装置,特别是便于从一种运输方式转换到另一种运输方式;

(4) 设计时应注意要便于货物装满或卸空;

(5) 内容积为1立方米或1立方米以上。

集装箱一词不包括车辆或传统包装。

目前,中国、日本、美国、法国等有关国家,都全面地引进了国际标准化组织对其的定义。除此之外,还有《集装箱海关公约》(CCC)、《国际集装箱安全公约》(CSC)、英国国家标准和北美太平洋班轮公会等对其下的定义,内容基本上大同小异。

二、根据集装箱(又称货柜)的尺寸分类

按规格尺寸,目前,国际上通常使用的干货柜(dry container)主要有以下几种。

(一) 20尺货柜(见图12-1)

外尺寸为20英尺×8英尺×8英尺6吋的货柜,称为20尺货柜。其内容积为5.69米×2.13米×2.18米,配货毛重一般为17.5吨,体积为24~26立方米。

图12-1 20尺货柜

(二) 40尺货柜

外尺寸为40英尺×8英尺×8英尺6吋的货柜,称为40尺货柜。其内容积为11.8米×2.13

米×2.18米，配货毛重一般为22吨，体积为54立方米。

（三）40尺高柜

近年来使用得较多的是40英尺×8英尺×9英尺6吋货柜，简称40尺高柜。其内容积为13.58米×2.34米×2.71米，配货毛重一般为29吨，体积为86立方米。

三、集装箱货物装箱方式

根据集装箱货物装箱数量和方式，可分为整箱和拼箱两种。

（一）整箱（full container load，FCL）

整箱是指货方自行将货物装满整箱以后，以箱为单位托运的集装箱。这种情况在货主有足够货源装载一个或数个整箱时通常采用，除有些大的货主自己置备有集装箱外，一般都是向承运人或集装箱租赁公司租用一定的集装箱。空箱运到工厂或仓库后，在海关人员的监管下，货主把货装入箱内、加锁、铅封后交承运人并取得站场收据，最后凭收据换取提单或运单。

（二）拼箱（less than container load，LCL）

拼箱是指承运人（或代理人）接受货主托运的数量不足整箱的小票货运后，根据货物性质和目的地进行分类整理。把去同一目的地的货，集中到一定数量拼装入箱。由于一个箱内装有不同货主拼装在一起的货，因此称作拼箱。这种情况在货主托运数量不足装满整箱时采用。拼箱货的分类、整理、集中、装箱（拆箱）、交货等工作均在承运人码头集装箱货运站或内陆集装箱转运站进行。

四、集装箱运输货物类型

（一）根据货物适于装入集装箱的程度分类

1. 最适合装箱货

最适合装箱货是指货价高、运费也高的货物。这类货物通常具有装箱效率高的特点，是因为其尺寸、容积与重量都适合装箱。属于这一类的货物有各种酒类、香烟及烟草、药品、塑料及其制品、纺织品、小型电器、光学仪器、打字机和各种家用电器等。例如，冷藏集装箱装运的果蔬及肉类、乳酪等也属于此类，这些货物一般也都易被盗窃和损坏。

2. 适合装箱货

这一类货物一般价格并不太高，运费也比最适合装箱货低，不易被损坏和盗窃。属于这一类的货物有纸浆、罐装植物油、电线、电缆、金属制品、皮革、炭精棒、黑色颜料和煤焦油等支付赔偿费较大的货物。

3. 临界装箱货

临界装箱货又称边际装箱货，这一类货物从技术上看是可以装箱的，但由于价格低廉、运费低，从经济角度看是不利的。这一类货物在包装方面均难以进行集装箱化。属于这一类的货物有钢锭、铅锭、生铁块、原木和砖瓦等。这些货物一般不会被损坏和盗窃。

4. 不适宜装箱货

这一类货物是指从技术上看装箱有困难，或货流量大时可以用专门运输工具（包括专用车、专用船）运输的货物。利用专用运输工具可以提高装卸效率、降低成本。例如，原油、矿砂、砂糖等均有专门的油船、矿砂船及其他散货船装运，原油和矿砂等不宜装箱运输。又如，桥梁、铁路、大型发电机等设备，由于尺度远超过国际标准集装箱中最大尺寸的集装箱，因此装箱有困难，但可以装在组合式的平台箱上运载。

（二）根据货物本身的性质和特征分类

1. 普通货物

普通货物一般通称为百杂货，是指在货物性质不需要特殊方法进行装卸和保管，可以按件计数的货物总称。其特点是货物批量不大,但货价较高,具有较强的运费负担能力,通常用定期船运输。普通货物根据其包装形式和货物的性质又可分为清洁货和污货两类。

(1) 清洁货。清洁货又称“细货”或“精良货”,是指清洁且干燥,在积载和保管时,货物本身无什么特殊要求,如与其他货物混载不会损坏或污染其他货物的货物,如罐头食品、纺织品、棉纱、布匹、橡胶制品、陶瓷器、漆器、电器制品和玩具等。

(2) 污货。污货又称“粗货”,是指按货物本身的性质和状态,容易发潮、发热、风化、融解、发臭,或者有可能渗出液汁、飞扬货粉、产生害虫而使其他商品遭受严重损失的货物。属于这一类货物的有渗出液汁的兽皮;飞扬粉末的水泥、石墨;污损其他货物的油脂、沥青;生虫的椰子核、牛骨、干燥生皮;发生强烈气味或臭气的胡椒、樟脑、牛皮等。

2. 特殊货物

特殊货物是指货物在性质上、重量、价值上或货物形态上具有特殊性,运输时需要用特殊集装箱装载的货物。它包括冷藏货、活动植物、重货、高价货、危险货、液体货、易腐货和散货等许多种。

(1) 冷藏货。冷藏货是指需用冷藏集装箱或保温集装箱运输的货物,如水果、蔬菜、鱼类、肉类、鸡蛋、奶油、干酪等。

(2) 活动植物。活动植物是指活的家禽、家畜及其他动物,以及树苗和其他苗木等植物。

(3) 重货。重货是指单件货物重量特别大,如重型机械等货物。按我国规定,水路运输中的笨重货有如下 3 个标准。

① 交通部沿海直属水运企业规定:重量超过 3 吨,长度超过 12 米。

② 长江航运公司和各省(市、自治区)沿海水运企业规定:重量超过 2 吨;长度超过 10 米。

③ 各省(市、自治区)内河水运企业规定:重量超过 1 吨;长度超过 7 米。

在国外,一般平均每件重量超过 3.6 吨的货物以笨重货来处理。而集装箱内叉式装卸车能够作业的能力依不同种类的集装箱有所不同,如杂货集装箱一般为 2.5 吨,而敞顶集装箱为 4 吨。

(4) 高价货。高价货是指货物无论从容积或重量来计算,其价格都比较昂贵的货物,如生丝、绸缎、丝织品、照相机、电视机和其他家用电器等。

(5) 危险货。危险货是指货物本身具有易燃、易爆、有毒、有腐蚀性、放射性等危险特性的货物。危险货物装箱时必须有特别的安全措施,若有危险货物的集装箱装船时,也同样如此,以保证运输设备及人身安全。

(6) 液体货。液体货是指需装在罐、桶、瓶、箱等容器内进行运输的液体或半液体货。许多液体货还具有一定程度的危险性,需特别引起重视。此外,液体货易泄漏和散发,经常会出现污损或污染其他货物。

(7) 易腐货。易腐货是指在运输途中因通风不良,或遇高温、高湿等原因容易腐败变质的货物。

(8) 散货。散货是指食物、盐、煤、矿石等无特殊包装的散装运输的货物。随着集装箱运输的发展,水泥、糖等也可用集装箱散装运输。

关键练习

通过分组讨论的形式分享课前学习的收获、课内学习的心得,通过角色扮演的形式模拟无船承运人和货主签订运输合同,选择合适的集装箱。

活动二：充当无船承运人，办理该批货物的出口业务

知识链接

国际货物运输是对外经济贸易的重要一环，是实现对外经济贸易合同、完成国际货物的空间转移、保证完成出口创汇的关键。

集装箱海运出口业务实务操作基本流程为：委托代理→订舱→装箱→报关→查验→征税→放行→核销退税。

（一）委托代理

（1）出口货物的发货人在根据出口合同的规定，按时、按质、按量备齐出口货物后，需要委托专业报关企业或代理报关企业向海关办理申报手续的企业，在货物出口之前，应在出口口岸就近向专业报关企业或代理报关企业办理委托报关手续。接受委托的专业报关企业或代理报关企业要向委托单位收取正式的报关委托书，报关委托书以海关要求的格式为准。

（2）接到货主委托后，应先从这几方面确认：该单位在出口地海关备案（年审）情况；报关单据是否齐备（全套报关单据有委托报关协议、出口货物报关单、装箱单、发票、合同、出口收汇核销单及海关监管条件涉及的各种证件）；该票货物配哪种集装箱。

（二）订舱

代理人与船公司落实舱位（取得船名、航次、提单号）、装箱点、集港时间和地点。

（三）装箱

装箱时有以下两种不同的方式可供选择。

（1）产地装箱。船公司为了给货主提供方便，对于较大宗货，或有特殊要求的货主，可以提供产地装箱服务，通俗地说就是船公司将空箱运至托运人的仓库或工厂将货物装箱后，直接将集装箱运至堆场。

（2）工厂送货。工厂送货是指托运人将货物发运到船公司指定的集装箱中转站，由中转站负责将货物依次装入集装箱。这时，托运人要经常到现场察看装货情况，防止短装或装错，即“监装”。

（四）报关

（1）准备好报关用的单证是保证出口货物顺利通关的基础。一般情况下，报关应备单证除出口货物报关单外，主要包括托运单（即下货纸）、发票一份、贸易合同一份、出口收汇核销单及海关监管条件所涉及的各类证件。

（2）申报应注意的问题——报关时限。报关时限是指货物运到口岸后，法律规定发货人或其代理人向海关报关的时间限制。出口货物的报关时限为装货的24小时以前。不需要征税费、查验的货物，自接受申报起1日内办结通关手续。

（五）查验

查验是指海关以接受报关单位的申报并已经审核的申报单位为依据，通过对出口货物进行实际的核查，以确定其报关单证申报的内容是否与实际进出口的货物相符的一种监管方式。

（1）通过核对实际货物与报关单证来验证申报环节所申报的内容与查证的单、货是否一致，通过实际的查验发现申报审单环节所不能发现的有无瞒报、伪报和申报不实等问题。

（2）通过查验可以验证申报审单环节提出的疑点，为征税、统计和后续管理提供可靠的监管依据。海关查验货物后，均要填写一份验货记录。验货记录一般包括查验时间、地点、进出口货物的收发货人或其代理人名称、申报的货物情况、查验货物的运输包装情况（如运输工具名称、集

装箱号、尺码和封号)、货物的名称、规格型号等。需要查验的货物自接受申报起1日内开出查验通知单,自具备海关查验条件起1日内完成查验,除需缴税外,自查验完毕4小时内办结通关手续。

(六) 征税

根据《海关法》的有关规定,进出口的货物除国家另有规定外,均应征收关税。关税由海关依照海关进出口税则征收。需要征税费的货物,自接受申报1日内开出税单,并于缴核税单2小时内办结通关手续。

(七) 放行

(1) 对于一般出口货物,在发货人或其代理人如实向海关申报,并如数缴纳应缴税款和有关规费后,海关在出口装货单上盖“海关放行章”,出口货物的发货人凭以装船起运出境。

(2) 出口货物的退关:申请退关货物,发货人应当在退关之日起三日内向海关申报退关,经海关核准后方能将货物运出海关监管场所。

(八) 签发出口退税报关单

海关放行后,在浅黄色的出口退税专用报关单上加盖“验讫章”和已向税务机关备案的海关审核出口退税负责人的签章,退还报关单位。

关键练习

根据所给情景,模拟该票货物的出口流程。

知识拓展

国际标准集装箱长度关系

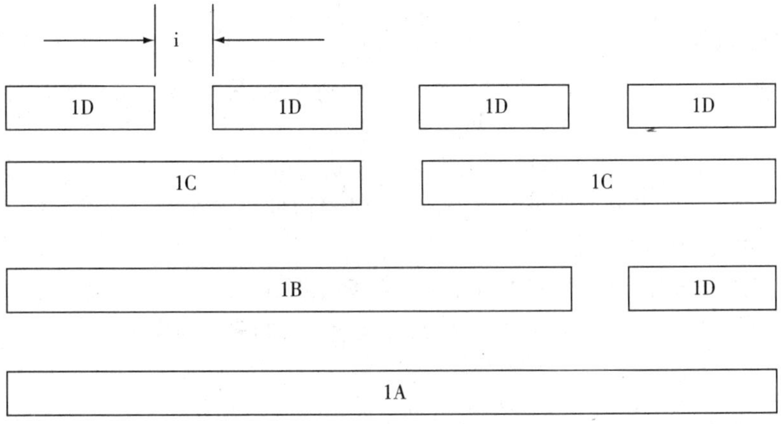

A 系列集装箱:长度均为40英尺,宽度均为8英尺。
B 系列集装箱:长度均为30英尺,宽度均为8英尺。
C 系列集装箱:长度均为20英尺,宽度均为8英尺。
D 系列集装箱:长度均为10英尺,宽度均为8英尺。
注:图中i表示间距。

任务12－2　国际集装箱运输货物装载方式和交接

<table>
<tr><td rowspan="2">本任务涉及工作岗位</td><td colspan="2">主对接工作岗位</td><td>★ 集装箱配载员</td></tr>
<tr><td colspan="2">参与工作岗位</td><td>★ 无船承运人、货运代理人</td></tr>
<tr><td>岗位工作职责</td><td colspan="3">1. 作为承运人与货物托运人订立运输合同，签发货运单据（提单、运单），并对从接收货物地点到目的地交付货物地点的运输负责；
2. 作为货运代理人，负责为货物进行订箱装箱；
3. 根据货物情况，集装箱配载员进行合理装载货物；
4. 货运代理人需要为货物选择合适的装箱方式及合适的交接方式</td></tr>
<tr><td rowspan="3">学习目标</td><td>知识目标</td><td colspan="2">1. 了解集装箱运输货物装载方式；
2. 掌握集装箱的交接方式</td></tr>
<tr><td>能力目标</td><td colspan="2">1. 能够根据货物合理配载集装箱；
2. 能够选择合适的集装箱交接方式</td></tr>
<tr><td>素养目标</td><td colspan="2">1. 养成勤于思考的习惯，培养及时发现问题、独立处理问题的能力；
2. 能在小组和组间进行交流，敢于表达自己的见解；
3. 能和客户进行沟通，有较强的语言表达能力和得体的接洽礼仪；
4. 能够适应科技进步、社会发展；
5. 能够具有物流合理化意识，具有节约资源、绿色环保的生态能力</td></tr>
</table>

任务描述

我国内陆A公司于2008年2月向日本出口10吨大米，另有B公司在同时期向日本同一进口商出口15吨面粉，装运期为2月25号之前，货物必须装集装箱。A、B两家出口公司同时找到C货运代理公司，由其负责订箱装船，并安排货物从天津港出口。请问该代理公司选择何种集装箱运载这批货物？如何装载这两批货物最合适？选择何种交接方式？

根据所给信息完成以下活动。

活动一：充当集装箱配载员，根据货物性质合理配载集装箱。

活动二：充当货运代理人，向船公司订箱，并选择合适的集装箱交接方式。

课前准备

课前利用教学资源库、教材、网络或到图书馆、书店，查阅有关集装箱运输的主要特点和集装箱运输配载要求。

任务实施

活动一：充当集装箱配载员，根据货物性质合理配载集装箱

知识链接

一、集装箱的选择与检查

（一）集装箱的选择

1. 集装箱合格标准

在集装箱货物运输中，首先应选用合格标准的集装箱，这样才能保证货运质量。合格集装箱应符合以下基本条件。

（1）符合ISO标准。

（2）四柱、六面、八角完好无损。

（3）箱子各焊接部位牢固。

（4）箱子内部清洁、干燥、无味、无尘。

（5）不漏水、漏光。

（6）具有合格检验证书。

这便要求装箱人在装箱前应按规定认真检查箱体，发现集装箱不适合装运货物时，应拒绝装箱，并立即通知集装箱所有人。集装箱所有人有责任继续提供适合货物装运的集装箱。

2. 集装箱选择应考虑的因素

（1）货物的特点。首先，要根据货物的特点来选择适当的集装箱。在集装箱货物运输中，为了船、货、箱的安全，必须根据货物的性质、种类、容积、重量和形状来选择适当的集装箱；否则，不仅对某些货物不能承运，而且也会因选用不当而导致货损。集装箱货物对集装箱的选用具体可做以下考虑（见表12-1）。

表12-1 不同货物对于集装箱的选择

主要货种	集装箱种类
一般货物	杂货集装箱、通风集装箱
贵重货物、易碎货物	杂货集装箱
冷藏/冷冻货物、易腐货物	冷藏/冷冻集装箱、通风集装箱、隔热集装箱
动植物	动物集装箱、通风集装箱
笨重货物	开顶集装箱、框架集装箱、平台集装箱
散装货物	开顶集装箱、罐式集装箱

（2）航线上的货运量。根据航线上的货运量来决定采用何种规格的集装箱为宜。在货运量较少的航线上，选用集装箱的规格不宜太大。有些航线经常会发生由于两港之间货源的不平衡，从而造成大量集装箱的回空运输，这不仅会降低集装箱运输的经济效益，严重时会影响集装箱运输的发展。为了解决空箱回运的问题，有些国家的船公司在货源不平衡的航线上使用折叠式集装箱（collapsible container）。这种集装箱折叠后，其体积仅为固定式集装箱的1/4，也就是说，4个集装箱折叠后重叠在一起为一个固定的国际标准集装箱的体积。这种方法可极大降低空箱回运

时的舱容损失。

(3) 内陆运输的条件。为了适应公路和铁路运输条件,使货运量少、运输条件差的国家和地区也能实现"门到门"运输,可采用"子母箱"运输方法。子母箱运输方法系指子箱的尺寸应与母箱的尺寸紧密配合。在海上运输时可采用大型国际标准箱运输,而在内陆运输时可采用小型集装箱运输,等这些国家和地区的集装箱运输发展成熟和货运量增大后,再逐步完善大型集装箱的"门到门"运输。

(4) 与国外船公司、货主的合作。在决定选用何种规格的集装箱时,还应考虑到与国外船公司、货主的合作问题。因为,在进行集装箱货物的国际多式联运中,很有可能与国外船公司进行箱子交换、互用。因此,最好选用国际上广泛使用的集装箱型号。

(二) 集装箱的检查

集装箱在装载货物之前,必须经过严格检查。有缺陷的集装箱,轻则导致货损,重则在运输、装卸过程中造成箱毁人亡事故。因此,对集装箱的检查是货物安全运输的基本条件之一。发货人、承运人、收货人以及其他关系人在相互交接时,除对箱子进行检查外,应以设备交接单等书面形式确认箱子交接时的状态。

货运代理人亲自办理集装箱检查时,通常对集装箱的检查应做到以下几点。

1. 外部检查

对箱子进行六面察看,外部是否有损伤、变形、破口等异样情况,如有,即做出修理部位标志。

2. 内部检查

对箱子的内侧进行六面察看,是否漏水、漏光,有无污点、水迹等。

3. 箱门检查

检查箱门是否完好,门的四周是否水密,门锁是否完整,箱门能否重复开启,能否270度开启。

4. 清洁检查

箱子内有无残留物、污染物、锈蚀异味、水湿。如不符合要求,应予以清扫,甚至更换。

5. 附属件的检查

附属件的检查是指对货物的加固环节,如板架式集装箱的支柱、平板集装箱和敞棚集装箱上部延伸结构的检查。

如果货运代理人无法亲自对集装箱进行检查,则应该告知集卡车队及集卡驾驶员有关对集装箱检查的要求。

想一想

周边是否有集装箱堆场和货运站?是否观察过集装箱的操作过程?

二、集装箱的装箱

为确保货运质量的安全,做好箱内货物的积载工作很重要。许多货损事故的发生都是由装箱不当所造成的。货物在箱内由于积载、装箱不当不仅会造成货损,还会给运输及装卸机械等设备造成损坏,甚至人身伤亡。货物在集装箱内的堆装、系固等工作看起来比较简单,但实际上,这是一项非常具有技巧性的工作,有很多讲究。

在具体装箱时,应注意以下事项。

(1) 不同货种相互适应才可同箱积载。虽然大部分货物都适合于集装箱运输,但并不是所有的货物都能互相适应装在同一箱内。在配装同一箱的不同货种时，应仔细判断，不同货种相互适应才可同箱积载。干货、湿货不能放在同一箱内，如难以避免时，湿货绝对不能放在干货上面；对怕受潮货物，不能与容易“出汗”的货物同装一箱；吸收异味的货物，绝对不能与放出强烈气味的货物同装一箱；容易产生灰尘的货物，不能与某些易被灰尘污损的货物同装一箱；瓶装或罐装液体货无法避免与其他干货拼装一箱时，在任何情况下，前者必须装在底下，并须加隔垫板，而且还应有足够的隔垫板放在液体货下。

（2）相同卸货港的货物才能混装在一个集装箱内。

（3）根据集装箱的尺寸、单件货物的包装尺寸，来确定箱内货物的堆码层次和方法。往箱内装货时，只要总重量不超过集装箱所允许的最大载重，就要考虑充分利用箱容。

（4）不同件杂货混装在同一箱内时，应根据货物的性质、体积、重量、外包装的强度等情况合理调配货物的摆放位置。通常将包装牢固、重件货装在箱子底部，包装不牢、轻货则装在箱子上部（轻货应放在重货上面，重货不压轻货）。

（5）箱内货物重量应分布均衡。如果箱子某一部位装载的负荷过重，则有可能使箱子底部结构发生弯曲或脱开的危险。

货物重心分布必须平衡，积载后的重心应尽量接近箱子的中心，以免在使用吊机装卸时，箱子发生倾斜和翻倒。此外，在陆上运输时，如存在上述情况，拖车前后轮的负荷差异过大，也会在行驶中发生故障。

（6）在进行箱内货物堆码时，则应根据货物的包装强度决定货物的堆码层数。另外，为使箱内下层货物不致被压坏，应在货物堆码之间垫入缓冲材料。

（7）货物与货物之间，也应加隔垫板或隔垫材料，以避免货物相互擦伤、沾湿、污损。尤其是硬包装的货物，装箱时应当用隔垫材料，以免冲压其他货物或碰坏箱子内壁；此外，袋装货最好不要与箱装货同装一箱，不能避免时须用隔垫板；还有带有凸出、隆起或四边不规则包装的货，如没用适当隔垫材料，不能与其他货装在一起；另外，湿货包括桶装或罐装液体货，应当用隔垫材料，并装在底层。

（8）货物的装载要严密整齐，货物之间不应留有空隙，这样不仅可充分利用箱内容积，也可防止货物相互碰撞而造成损坏。因而，货物装箱完毕后，必须检查。做到没有一件货物处于松动状态，以防集装箱发生纵向或横向倾斜时，造成货损。

此外，不要用不同包装的货物填塞集装箱的空位，除非这两种包装的货物完全适合拼装。

（9）对箱门附近的货物采取系固措施，避免发生货物倒塌造成货物损坏和人身伤亡的事故。

在目的地掏箱时，由于对箱口附近的货物没有采取系固措施，曾发生过货物倒塌，造成货物损坏和人身伤亡的事故。因此，在装箱完毕，关箱前应采取合适的措施，进行固定、绑扎，并关闭箱门，以防止开箱时箱口附近货物的倒塌。如果对货物加固材料是木材，且目的地是澳大利亚、新西兰等国家，则应在箱体外表明显地方贴上有关部门出具的木材经免疫处理证明。

（10）应使用清洁、干燥的隔垫材料（胶台板、草席、缓冲器材、隔垫板），如使用潮湿的垫料，就容易发生货损事故。

（11）海关监管或可能被查验的货物必须分出并装在箱门口。

（12）包装损坏的货物，即使损坏的表面微小，也不能装入箱内，必须将坏包在装箱前修好后才能装入箱内。

活动二：充当货运代理人，向船公司订箱，并选择合适的集装箱交接方式

知识链接

一、集装箱运输货物的交接方式

集装箱货运分为整箱和拼箱两种，在交接方式上有所不同，大致有以下4类。

1. 整箱交，整箱接（FCL/FCL）

货主在工厂或仓库把装满货后的整箱交给承运人，收货人在目的地以同样整箱接货，换言之，承运人以整箱为单位负责交接。货物的装箱和拆箱均由货方负责。

2. 拼箱交、拆箱接（LCL/LCL）

货主将不足整箱的小票托运货物在集装箱货运站或内陆转运站交给承运人，由承运人负责拼箱和装箱（stuffing，vanning）运到目的地货站或内陆转运站，由承运人负责拆箱（unstuffing，devanning），拆箱后，收货人凭单接货。货物的装箱和拆箱均由承运人负责。

3. 整箱交，拆箱接（FCL/LCL）

货主在工厂或仓库把装满货后的整箱交给承运人，在目的地的集装箱货运站或内陆转运站由承运人负责拆箱后，各收货人凭单接货。

4. 拼箱交，整箱接（LCL/FCL）

货主将不足整箱的小票托运货物在集装箱货运站或内陆转运站交给承运人，由承运人分类调整，把同一收货人的货集中拼装成整箱，运到目的地后，承运人以整箱交，收货人以整箱接。

上述各种交接方式中，以整箱交、整箱接效果最好，也最能发挥集装箱的优越性。

二、集装箱货物的交接地点

集装箱货物的交接，根据贸易条件所规定的交接地点不同，一般分为：

（1）门到门（door to door）：从发货人工厂或仓库至收货人工厂或仓库；

（2）门到场（door to CY）：从发货人工厂或仓库至目的地或卸箱港的集装箱堆场；

（3）门到站（door to CFS）：从发货人工厂或仓库至目的地或卸箱港的集装箱货运站；

（4）场到门（CY to door）：从起运地或装箱港的集装箱堆场至收货人工厂或仓库；

（5）场到场（CY to CY）：从起运地或装箱港的堆场至目的地或卸箱港的集装箱堆场；

（6）场到站（CY to CFS）：从起运地或装箱港的集装箱堆场至目的地或卸箱港的集装箱货运站；

（7）站到门（CFS to door）：从起运地或装箱港的集装箱货运站至收货人工厂或仓库；

（8）站到场（CFS to CY）：从起运地或装箱港的集装箱货运站至目的地或卸箱港的集装箱堆场；

（9）站到站（CFS to CFS）：从起运地或装箱港的集装箱货运站至目的地或卸箱港的集装箱货运站。

上述9种交接方式，进一步可归纳为以下4种方式。

（1）门到门：此种运输方式的特征是，在整个运输过程中，完全是集装箱运输，并无货物运输，因此最适宜于整箱交，整箱接。

（2）门到场站：此种运输方式的特征是，由门到场站为集装箱运输，由场站到门是货物运输，因此适宜于整箱交、拆箱接。

（3）场站到门：此种运输方式的特征是，由门至场站是货物运输，由场站至门是集装箱运输，

因此适宜于拼箱交、整箱接。

（4）场站到场站。

三、提箱和交箱操作技巧

1. 集装箱发放和交接的依据

集装箱的发放和交接应依据进口提货单、出口订舱单、场站收据，以及这些文件内列明的集装箱交付条款，实行集装箱设备交接单制度。从事集装箱业务的单位必须凭集装箱代理人签发的集装箱设备交接单办理集装箱的提箱（发箱）、交箱（还箱）、进场（港）、出场（港）等手续。

2. 交接责任的划分

（1）船方与港方交接以船边为界。

（2）港方与货方（或其代理人）、内陆（公路）承运人交接以港方检查桥为界。

（3）堆场、中转站与货方（或其代理人）、内陆（公路）承运人交接以堆场、中转站道口为界。

（4）港方、堆场中转站与内陆（铁路、水路）承运人交接以车皮、船边为界。

3. 进口重箱提箱出场的交接

进口重箱提离港区、堆场、中转站时，货方（或其代理人）、内陆（水路、公路、铁路）承运人应持海关放行的进口提货单到集装箱代理人指定的现场办理处办理集装箱发放手续。

集装箱代理人依据进口提货单、集装箱交付条款和集装箱运输经营人有关集装箱及其设备使用和租用的规定，向货方（或其代理人）、内陆承运人签发出场集装箱设备交接单和进场集装箱设备交接单。货方、内陆承运人凭出场集装箱设备交接单到指定地点提取重箱，并办理出场集装箱设备交接；凭进场集装箱设备交接单将拆空后的集装箱及时交到集装箱代理人指定的地点，并办理进场集装箱设备交接。

4. 出口重箱交箱（收箱）、进场的交接

出口货箱进入港区，货方、内陆承运人凭集装箱出口装箱单或场站收据、进场集装箱设备交接单到指定的港区交付重箱，并办理进场集装箱设备交接。指定的港区依据出口集装箱预配清单、进场集装箱设备交接单、场站收据收取重箱，并办理进场集装箱设备交接。

5. 空箱的发放和交接

空箱提离港区、堆场、中转站时，提箱人（货方或其代理、内陆承运人）应向集装箱代理人提出书面申请。集装箱代理人依据出口订舱单、场站收据或出口集装箱预配清单向提箱人签发出场集装箱设备交接单或进场集装箱设备交接单。提箱人凭出场集装箱设备交接单到指定地点提取空箱，办理出场集装箱设备交接；凭进场集装箱设备交接单到指定地点交付集装箱，并办理进场集装箱设备交接。

6. 收、发箱地点应履行的手续

指定的收、发箱地点，凭集装箱代理人签发的集装箱设备交接单受理集装箱的收、发手续。凭出场集装箱设备交接单发放集装箱，并办理出场集装箱设备交接手续；凭进场集装箱设备交接单收取集装箱，并办理设备交接。

出场集装箱设备交接单的主要内容有：提箱（用箱人和运箱人）；发往地点；用途（出口载货、修理、进口重箱等）；集装箱号、封号（铅封号、关封号）；集装箱尺寸、类型；集装箱所有人；提离日期；提箱运载工具牌号；集装箱出场检查记录（完好或损坏）。

进场集装箱设备交接单的主要内容有：送箱人；送箱日期；集装箱号、封号；集装箱尺寸、类型；集装箱所有人；用途［返还重箱；出口集装箱，此时需登记该集装箱发往的地点（航次、时间）］；送箱运载工具牌号；集装箱进场检查记录。

集装箱交接地点应详细、认真进行检查核录，并将进出场集装箱的情况及时反馈给集装箱代理人,积极配合集装箱代理人的工作,使集装箱代理人能够及时、准确地掌握集装箱的利用情况,及时安排集装箱的调运、修理,追缴集装箱延期使用费,追缴集装箱的损坏、灭失费用等工作。

四、国际集装箱的发放和交接

(1) 接到客户的全套单据(全套单据包括带背书的正本提单或电放副本、装箱单、发票、合同)后,要查清该进口货物属于哪家船公司承运、哪家作为船舶代理、在哪儿可以换到供通关用的提货单。

备注:提前与船公司或船舶代理部门联系,确定船到港时间、地点,如需转船应确认二程船名;提前与船公司或船舶代理部门确认换单费、押箱费、换单的时间;提前联系好场站,确认好提箱费、掏箱费、装车费、回空费。

(2) 凭带背书的正本提单(如是电报放货,可带电报放货的传真件与保函)去船公司或船舶代理部门换取提货单和设备交接单。

注意事项:①背书有两种形式,如果提单上"收货人"栏显示"to order",则由"shipper"背书;如果"收货人"栏显示其真正的收货人,则由收货人背书。②保函是由进口方出具给船舶代理的一份请求放货的书面证明。保函内容包括进口港、目的港、船名、航次、提单号、件重尺及进口方签章。③换单时应仔细核对提单或电放副本与提货单上的集装箱箱号及封号是否一致。④提货单共分为五联,即白色提货联、蓝色费用账单、红色费用账单、绿色交货记录和浅绿色交货记录。⑤设备交接单是集装箱进出灌区、场站时,用箱人、运箱人与管箱人或其代理人之间交接集装箱及其他机械设备的凭证,并兼管箱人发放集装箱的凭证功能。当集装箱或机械设备在集装箱码头堆场或货运站借出或回收时,由码头堆场或货运站制作设备交接单,经双方签字后,作为两者之间设备交接的凭证。

(3) 用换来的提货单一、三联并附上报关单据前去报关。海关放行后,在白色提货联上加盖放行章,发还给进口方作为提货的凭证。报关单据还包括正本箱单、正本发票、合同、进口报关单一式两份、正本报关委托协议书、海关监管条件所涉及的各类证件。

注意事项:① 接到客户全套单据后,应确认货物的商品编码,然后查阅海关税则,确认进口税率、确认货物需要什么监管条件,如需做各种检验,则应在报关前向有关机构报验。报验所需单据:报验申请单、正本箱单发票、合同、进口报关单两份。②换单时应催促船舶代理部门及时给海关传舱单,如有问题应与海关舱单室取得联系,确认舱单是否转到海关。③当海关要求开箱查验货物时,应提前与场站取得联系,调配机力将所查箱子调至海关指定的场站(事先应与场站确认好调箱费、掏箱费)。

(4) 若是法检商品应办理验货手续。如需商检,则要在报关前,拿进口商检申请单(带公章)和两份报关单办理登记手续,并在报关单上盖商检登记在案章以便通关。验货手续在最终目的地办理。如需动植检,也要在报关前拿箱单、发票、合同、报关单去代报验机构申请报验,在报关单上盖放行章以便通关,验货手续可在通关后堆场进行。

(5) 海关通关放行后应去三检大厅办理三检。向大厅内的代理报验机构提供箱单、发票、合同、报关单,由他们代理报验。报验后,可在大厅内统一窗口交费,并在白色提货联上盖三检放行章。

(6) 三检手续办理后,去港地大厅交港杂费。港杂费用结清后,港方将提货联退给提货人供提货用。

(7) 所有提货手续办妥后,可通知事先联系好的堆场提货。

注意事项:①首先应与港地调度室取得联系安排计划。②根据提箱的多少与堆场联系足够的车辆尽可能按港方要求时间提清,以免产生转栈堆存费用。③提箱过程中应与堆场有关人员共同检查箱体是否有重大残破，如有，要求港方在设备交接单上签残。

（8）重箱由堆场提到场地后，应在免费期内及时掏箱以免产生滞箱。

（9）货物提清后，从场站取回设备交接单证明箱体无残损，去船公司或船舶代理部门取回押箱费。

关键练习

熟练区分集装箱交接方式和地点的异同。

知识拓展

货源组织

1. 集装箱货源

集装箱的适箱货源，根据国家《关于发展我国集装箱运输若干问题的规定》中规定的适箱货为12个品类，即交电、仪器、小型机械、玻璃陶瓷、工艺品、印刷品及纸张、医药、烟酒食品、日用品、化工品、针纺织品和小五金等。杂货、贵重、易碎、怕湿的货物均属于集装箱运输货物。集装箱货源从运输组织上分为整箱货和拼箱货两类：整箱货是指发货人需单独使用一个集装箱的货物，由发货人负责装箱、计数并施封；拼箱货是指拼装在一个集装箱内两个以上发货人的货物，其装卸作业由承运人或有关运输代理部门负责。

2. 日常货源组织工作

做好日常货源的组织工作，对于组织合理运输、充分利用现有设备能力有着十分重要的意义。日常货源组织对于货物的品种、数量、流向、时间都有一定的要求。对于不同品种的货物要详细了解其尺寸、外形、重量和需要的集装箱类型及数量等；在流向上要提出货物到站、港以便组织拼装货；在时间上按照运输作业的需要进行货源的组织工作。日常货源组织工作是一项十分重要又十分细致的工作，要产、运、销共同配合完成。

考核评价

一、自我评价

1. 自我考核

（1）描述集装箱货物的装箱方式。

（2）描述集装箱进出口业务流程。

（3）描述集装箱货物运输的主要交接方式。

2. 学生自评

学生自评，详见表12-2，40分。

表12-2　学生自评

序　号	评价内容（每项10分）	得　分	亮　点
1	课前知识查阅、调研作业完成情况		
2	课前、课中与人沟通、协作表现		
3	课程重点知识掌握情况		
4	课前、课中学习、工作态度表现		

二、小组（同学）评价

小组（同学）评价，详见表12－3，30分。

表12－3　小组（同学）评价

序　号	评价内容（每项10分）	得　分	亮　点
1	课中学习、工作态度表现		
2	课中与人沟通、协作表现		
3	课程重点知识掌握情况		

三、教师评价

教师评价，详见表12－4，30分。

表12－4　教师评价

序　号	评价内容（每项10分）	得　分	亮　点
1	课前知识查阅、调研作业效果		
2	课中参与、协作情况		
3	掌握知识、技能效果		

学习项目13 国际多式联运业务

任务13-1 多式联运合同签订及保险办理

本任务涉及工作岗位	主对接工作岗位	★ 多式联运经营人
	参与工作岗位	★ 船东、集装箱码头经营人
岗位工作关系	紧前工序	洽谈业务
	平行工序	装箱作业
	紧后工序	货物交接
岗位工作职责	1. 应具备本岗位需要的物流管理、货运代理、多式联运等基本专业知识、专业技能和资质； 2. 能整合相关资源，提供多式联运服务需要并符合国家安全、卫生、环境、质量等规定的设施设备； 3. 具有多式联运服务管理制度，包括多式联运合同、多式联运单据、服务质量跟踪、服务质量考核、服务作业流程等管理规定和管理方法； 4. 拥有能满足多式联运业务要求的经营网络； 5. 拥有稳定、安全、可靠且适应多式联运业务要求的信息系统，并能为客户提供及时、准确、可靠的信息服务	
学习目标	知识目标	1. 掌握国际多式联运的特征； 2. 了解多式联运合同的内容； 3. 了解海运保险的险别
	能力目标	1. 能够区分多式联运经营人； 2. 能够正确签订多式联运合同； 3. 能够正确办理海运保险
	素养目标	1. 养成面对单调、繁杂的工作时所需的严谨、认真、细致的工作态度； 2. 养成自主学习的习惯，培养及时发现问题、独立处理问题的能力； 3. 具有较强的职业责任感，较好的质量意识、成本意识、防差错意识、防损意识； 4. 能与小组成员协作完成工作

任务描述

2015 年 6 月 27 日，山西太原双喜轮胎工业股份有限公司运送两单型号为 DR930 的特种车辆轮胎,目的地为阿根廷的布宜诺斯艾利斯,收货人为里奥内尔·梅西先生。

根据所给信息完成以下活动。

活动一:充当多式联运经营人与货主签订多式联运合同。

活动二:充当多式联运经营人为货主办理货物保险。

课前准备

课前利用教学资源库、教材、网络或到图书馆、书店,查阅有关多式联运经营人的性质及法律特征;了解国际多式联运与一般联运的区别。

任务实施

活动一:充当多式联运经营人与货主签订多式联运合同

知识链接

一、国际多式联运的特征

根据国际多式联运的定义,结合国际上的实际做法,可以得出,构成国际多式联运必须具备以下特征或基本条件。

(1) 必须具有一份多式联运合同。该运输合同是多式联运经营人与托运人之间权利、义务、责任与豁免的合同关系和运输性质的确定,也是区别多式联运与一般货物运输方式的主要依据。

(2) 必须使用一份全程多式联运单证。该单证应满足不同运输方式的需要,并按单一运费率计收全程运费。

(3) 必须是至少两种不同运输方式的连续运输。国际多式联运是采用两种或两种以上不同运输方式进行联运的运输组织形式。这里所指的至少两种运输方式可以是海陆、陆空、海空等。这与一般的海海、陆陆、空空等形式的联运有着本质的区别。

(4) 必须是国际间的货物运输。这不仅区别于国内货物运输,还涉及国际运输法规的适用问题。

(5) 必须由一个多式联运经营人对货物运输的全程负责。该多式联运经营人不仅是订立多式联运合同的当事人,也是多式联运单证的签发人。当然,在多式联运经营人履行多式联运合同所规定的运输责任的同时,可将全部或部分运输委托他人(分承运人)完成,并订立分运合同。但分运合同的承运人与托运人之间不存在任何合同关系。

由此可见,国际多式联运的主要特点是,由多式联运经营人对托运人签订一份运输合同统一组织全程运输,实行运输全程一次托运、一单到底、一次收费、统一理赔和全程负责。它是一种以方便托运人和货主为目的的先进的货物运输组织形式。

二、国际多式联运经营人应具备的基本条件

(1) 多式联运经营人本人或其代表就多式联运的货物必须与发货人本人或其代表订立多式联运合同,而且合同至少使用两种运输方式完成全程货物运输,合同中的货物系国际间的货物。

(2) 从发货人或其代表那里接管货物时起即签发多式联运单证,并对接管的货物开始负有责任。

（3）承担多式联运合同规定的与运输和其他服务有关的责任，并保证将货物交给多式联运单证的持有人或单证中指定的收货人。

（4）对运输全过程所发生的货物灭失或损害，多式联运经营人首先对货物受损人负责，并应具有足够的赔偿能力。

（5）多式联运经营人应具有与多式联运所需要的相适应的技术能力，对自己签发的多式联运单证确保其流通性，并作为有价证券在经济上有令人信服的担保程度。

三、国际多式联运合同

国际多式联运合同必须是对货物的运输，且是对国际间的货物的运输。在全程运输中要使用两种或两种以上运输方式，而且是这些运输方式的连续运输。国际多式联运经营人应具有接收货物、保管货物和完成运输及有关服务的责任。国际多式联运合同应是承揽、有偿和非要式的合同，特点表现在：国际多式联运合同是双务合同、有偿合同、非要式合同和约束第三者的合同。国际多式联运合同有时包括接受委托，提供服务业务。国际多式联运合同模板如下所示。

国际多式联运合同

甲方：____________________（托运人）	乙方：____________________（承运人）
法定代表人：____________________	法定代表人：____________________
法定地址：____________________	法定地址：____________________
邮编：____________________	邮编：____________________
经办人：____________________	经办人：____________________
联系电话：____________________	联系电话：____________________
传真：____________________	传真：____________________
银行账户：____________________	银行账户：____________________

甲、乙双方经过友好协商，就办理甲方货物多式联运事宜达成如下合同：

1. 甲方应保证如实提供货物名称、种类、包装、件数、重量、尺码等货物状况，由于甲方虚报给乙方或者第三方造成损失的，甲方应承担损失。

2. 甲方应按双方商定的费率在交付货物________天之内将运费和相关费用付至乙方账户。甲方若未按约定支付费用，乙方有权滞留提单或留置货物，进而依法处理货物以补偿损失。

3. 托运货物为特种货或者危险货时，甲方有义务向乙方做详细说明。未作说明或说明不清的，由此造成乙方的损失由甲方承担。

4. 乙方应按约定将甲方委托的货物承运到指定地点，并应甲方的要求，签发联运提单。

5. 乙方自接货开始至交货为止，负责全程运输，对全程运输中乙方及其代理或区段承运人的故意或过失行为而给甲方造成的损失负赔偿责任。

6. 乙方对下列原因所造成的货物灭失和损坏不负责任。

（1）货物由甲方或者代理人装箱、计数或者封箱的，或者装于甲方的自备箱中。

（2）货物的自然特性和固有缺陷。

（3）海关、商检、承运人行使检查权所引起的货物损耗。

（4）天灾，包括自然灾害（如但不限于雷电、台风、地震、洪水等）和意外事故（如但不限于火灾、爆炸、由于偶然因素造成的运输工具的碰撞等）。

（5）战争或武装冲突。

（6）抢劫、盗窃等人为因素造成的货物灭失或损坏。

（7）甲方的过失造成的货物灭失或损坏。

(8) 罢工、停工或乙方雇佣的工人劳动受到限制。

(9) 检疫限制或司法扣押。

(10) 非由于乙方或乙方的受雇人、代理人的过失造成的其他原因导致的货物灭失或损坏,对于第(7)项免除责任以外的原因,乙方不负举证责任。

7. 货物的灭失或损坏发生于多式联运的某一区段,乙方的责任和赔偿限额,应该适用该区段的法律规定。如果不能确定损坏发生区段的,应当使用调整海运区段的法律规定,不论是根据国际公约还是根据国内法。

8. 对于逾期支付的款项,甲方应按每日万分之五的比例向乙方支付违约金。

9. 由于甲方的原因(如未及时付清运费及其他费用而被乙方留置货物或滞留单据或提供单据迟延而造成货物运输延迟)所产生的损失由甲方自行承担。

10. 合同双方可以依据《合同法》的有关规定解除合同。

11. 乙方在运输甲方货物的过程中应尽心尽责,对于因乙方的过失而导致甲方遭受的损失和发生的费用承担责任,以上损失不包括货物因延迟等原因造成的经济损失。在任何情况下,乙方的赔偿责任都不应超出每件________元人民币或每千克________元人民币的责任限额,两者以较低的限额为准。

12. 本合同项下发生的任何纠纷或争议,应提交中国海事仲裁委员会,根据该会的仲裁规则进行仲裁。仲裁裁决是终局的,对双方都有约束力。本合同的订立、效力、解释、履行、争议的解决均适用中华人民共和国法律。

13. 本合同从甲、乙双方签字盖章之日起生效,合同有效期为________天,合同期满之日前,甲、乙双方可以协商将合同延长________天。合同期满前,如果双方中任何一方欲终止合同,应提前________天,以书面的形式通知另一方。

14. 本合同经双方协商一致可以进行修改和补充,修改及补充的内容经双方签字盖章后,视为本合同的一部分。本合同正本一式________份。

甲方(盖章):__________________	乙方(盖章):__________________
法定代表人(签字):____________	法定代表人(签字):____________
____________年______月______日	____________年______月______日
签订地点:____________________	签订地点:____________________

关键练习

通过分组讨论的形式分享课前学习的收获、课内学习的心得,通过角色扮演的形式模拟多式联运经营人和货主签订运输合同,阐述装箱的要点。

活动二:充当多式联运经营人为货主办理货物保险

知识链接

一、国际海运保险

在国际货物买卖业务中,保险是一个不可缺少的条件和环节。其中,业务量最大,涉及面最广的是海洋运输货物保险。海洋运输货物保险条款所承保的险别,分为基本险和附加险两类。

(一) 基本险

基本险分为平安险(free from particular average, FPA)、水渍险(with particular average, WA 或

WPA)和一切险(all risk)。

1. 平安险的承保责任范围

(1) 被保险货物在运输途中由于恶劣气候、雷电、海啸、地震、洪水等自然灾害造成整批货物的全部损失或推定全损。

(2) 由于运输工具遭受搁浅、触礁、沉没、互撞、与流冰或其他物体碰撞,以及失火、爆炸等意外事故所造成的货物的全部或部分损失。

(3) 在运输工具已经发生搁浅、触礁、沉没、焚毁意外事故的情况下,货物在此前后又在海上遭受恶劣气候、雷电、海啸等自然灾害所造成的部分损失。

(4) 在装卸或转运时由于一件或数件货物整件落海所造成的全部或部分损失。

(5) 被保险人对遭受承保责任内危险的货物采取抢救、防止或减少货损的措施而支付的合理费用,但以不超过该批被救货物的保险金额为限。

(6) 运输工具遭难后,在避难港由于卸货所引起的损失及在中途港、避难港由于卸货、存仓和运送货物所产生的特别费用。

(7) 共同海员的牺牲、分摊和救助费用。

(8) 运输合同订有“船舶互撞责任”条款,根据该条款规定应由货方偿还船方的损失。

在3个基本险别中,平安险的承包责任范围最狭窄,多用于大宗、低值的散装或裸装货,如矿石、废金属等。

2. 水渍险的承保责任范围

(1) 平安险所承保的全部责任。

(2) 被保险货物在运输途中,由于恶劣气候、雷电、海啸、地震、洪水等自然灾害所造成的部分损失。

与平安险的责任范围相比,水渍险的承包责任范围略有扩大,区别在于水渍险对自然灾害所造成的部分损失也负责赔偿。水渍险不包括锈损、碰损、破碎以及散装货物的部分损失,因此常用于不易损坏的货物或生锈并不影响使用价值的货物,如钢管、线材等。

3. 一切险的承保责任范围

除包括平安险和水渍险的责任外,还包括被保险货物在运输途中由于一般外来原因所造成的全部或部分损失。这里的一般外来原因是指一般附加险的内容,所以一切险是平安险、水渍险和一般附加险的总和。可见,一切险并非包含了海运过程中可能遇到的一切风险、损失和费用,对于由于运输延迟、战争和罢工等原因造成的损失,即使投保“一切险”,保险人也不予负责。与平安险和水渍险相比,一切险的承保责任范围最广,应用于价值较高、致损原因较多的货物,如棉毛及其制品等。

(二) 附加险

附加险是对基本险的补充和扩大,投保人只能在投保一种基本险的基础上才可以加保一种或几种附加险。附加险有一般附加险、特别附加险和特殊附加险3类。

1. 一般附加险

一般附加险有11种,包括偷窃、提货不着险(theft pilferage and non-delivery,T. P. N. D)、淡水雨淋险(fresh water &/or rain damage,F. W. R. D)、短量险(risk of shortage)、渗漏险(risk of leakage)、混杂、玷污险(risk of intermixture and contamination)、碰损、破碎险(risk of clash and breakage)、串味险(risk of odor)、受潮受热险(damage caused by sweating & heating)、锈损险(risk of rust)、钩损险(hook damage)和包装破裂险(breakage of parking)。

2. 特别附加险

特别附加险包括交货不到险(failure to deliver)、进口关税险(import duty risk)、舱面险(on deck risk)、拒收险(rejection risk)、黄曲霉素险(aflatoxin)、出口货物到香港、九龙或澳门存仓扩展条款(fire risk extension clause for storage of cargo at destination of Hong Kong, including Kowloon or Macao, FREC)

3. 特殊附加险

特殊附加险包括海运战争险(ocean marine cargo war risk)、海运战争险的附加费用险(additional expenses-war risk)和罢工险(strikes risk)。

关键练习

根据所给情景,模拟该票货物的保险办理及多式联运计划的编制。

知识拓展

国际多式联运的运输组织形式

目前,有代表性的国际多式联运主要有远东/欧洲、远东/北美等海陆空联运,其组织形式包括:

1. 海陆联运

海陆联运是国际多式联运的主要组织形式,也是远东/欧洲多式联运的主要组织形式之一。目前,组织和经营远东/欧洲海陆联运业务的主要有班轮公会的三联集团、北荷、冠航和丹麦的马士基等国际航运公司,以及非班轮公会的中国远洋运输公司、中国台湾长荣航运公司和德国那亚航运公司等。这种组织形式以航运公司为主体签发联运提单,与航线两端的内陆运输部门开展联运业务,与大陆桥运输展开竞争。

2. 陆桥运输

在国际多式联运中,陆桥运输(land bridge service)起着非常重要的作用。它是远东/欧洲国际多式联运的主要形式。所谓陆桥运输,是指采用集装箱专用列车或卡车,把横贯大陆的铁路或公路作为中间"桥梁",使大陆两端的集装箱海运航线与专用列车或卡车连接起来的一种连贯运输方式。严格地说,陆桥运输也是一种海陆联运形式。鉴于它在国际多式联运中的独特地位,在此将其单独作为一种运输组织形式。目前,远东/欧洲的陆桥运输线路有西伯利亚大陆桥和北美大陆桥。

3. 海空联运

海空联运又被称为空桥运输(air bridge service)。在运输组织方式上,空桥运输与陆桥运输有所不同:陆桥运输在整个货运过程中使用的是同一个集装箱,不用换装,而空桥运输的货物通常要在航空港换入航空集装箱。不过,两者的目标是一致的,即以低费率提供快捷、可靠的运输服务。

任务13－2　全程托运手续办理及货物交接

本任务涉及工作岗位	主对接工作岗位	★ 多式联运经营人
	参与工作岗位	★ 集装箱堆场经营人、报关员
岗位工作关系	紧前工序	签订合同与办理保险
	平行工序	交接单证
	紧后工序	陆运转海运
岗位工作职责	1. 集装箱堆存与保管，负责按完好箱和破损箱、污箱、自由箱和租箱分别堆放； 2. 闸口对进场的集装箱货物核对订舱单、码头收据、装箱单、出口许可证等单据； 3. 对集装箱在堆场内进行装卸、搬运、储存、保管的安排； 4. 协调与处理好和船公司的业务关系； 5. 报关员应办理填制报关单、提交报关单证等与申报有关的事宜； 6. 申请办理缴纳税费和退税、补税事宜； 7. 申请办理进出口货物减税、免税等事宜； 8. 协助海关办理进出口货物的查验、结关等事宜	
学习目标	知识目标	1. 掌握集装箱货物交接方式； 2. 了解集装箱货物交接地点类型； 3. 了解货物出口报关流程
	能力目标	1. 能够正确办理托运手续； 2. 能够完成集装箱接货手续
	素养目标	1. 养成面对单调、繁杂的工作时所需的严谨、认真、细致的工作态度； 2. 养成自主学习的习惯，培养及时发现问题、独立处理问题的能力； 3. 具有较强的职业责任感，较好的质量意识、成本意识、防差错意识、防损意识； 4. 具有较好的文字和语言表达能力、人际沟通能力及团队协作能力

任务描述

2015年6月27日，山西太原双喜轮胎工业股份有限公司运送两单型号为DR930的特种车辆轮胎，目的地为阿根廷的布宜诺斯艾利斯，收货人为里奥内尔·梅西先生。

根据所给信息完成以下活动。

活动一：充当多式联运经营人办理此票货物的全程托运手续及货物交接。

活动二：充当报关员填写报关单，并完成报关流程。

课前准备

课前利用教学资源库、教材、网络或到图书馆、书店，查阅有关集装箱货物的交接形式有何区别，了解报关员的主要职责和资格获取办法。

任务实施

活动一：充当多式联运经营人办理此票货物的全程托运手续及货物交接

知识链接

办理全程托运手续：出口企业或其代理办理出口货物运输业务时需向多式联运经营人提供出口货物运输委托书，内容包括信用证对提单的要求，即托运人名称、收货人名称、货物明细、起运港、目的港、信用证规定的装运期限、信用证的有效期、关于分批装运和转运的规定、对运输的要求等。此外，出口公司还必须向多式联运经营人提供与本批货物有关的各项单证，如提货单、商业发票、装箱单、出口货物报关单、外汇核销单等，有时，还需提供出口许可证、商检证书等。

活动二：充当报关员填写报关单，并完成报关流程

知识链接

出口报关的基本程序如下。

（一）申报

（1）出口货物的发货人在根据出口合同的规定，按时、按质、按量备齐出口货物后，即应当向运输公司办理租船订舱手续，准备向海关办理报关手续，或委托专业（代理）报关公司办理报关手续。

（2）需要委托专业报关企业或代理报关企业向海关办理申报手续的企业，在货物出口之前，应在出口口岸就近向专业报关企业或代理报关企业办理委托报关手续。接受委托的专业报关企业或代理报关企业要向委托单位收取正式的报关委托书（以海关要求的格式为准）。

（3）准备好报关用的单证是保证出口货物顺利通关的基础。一般情况下，报关应备单证除出口货物报关单（见表13-1）外，主要包括托运单（即下货纸）、发票一份、贸易合同一份、出口收汇核销单及海关监管条件所涉及的各类证件。

表13-1 中华人民共和国海关出口货物报关单

预录入编号：　　　　　　　　　　　　　　　　　　　　　　　　海关编号：

<table>
<tr><td colspan="5">出口口岸</td><td colspan="5">备案号</td><td colspan="5">出口日期</td><td colspan="5">申报日期</td></tr>
<tr><td colspan="5">经营单位</td><td colspan="5">运输方式</td><td colspan="5">运输工具名称</td><td colspan="5">提运单号</td></tr>
<tr><td colspan="5">发货单位</td><td colspan="5">贸易方式</td><td colspan="5">征免性质</td><td colspan="5">结汇方式</td></tr>
<tr><td colspan="5">许可证号</td><td colspan="5">运抵国（地区）</td><td colspan="5">指运港</td><td colspan="5">境内货源地</td></tr>
<tr><td colspan="4">批准文号</td><td colspan="4">成交方式</td><td colspan="4">运费</td><td colspan="4">保费</td><td colspan="4">杂费</td></tr>
<tr><td colspan="4">合同协议号</td><td colspan="4">件数</td><td colspan="4">包装种类</td><td colspan="4">毛重（千克）</td><td colspan="4">净重（千克）</td></tr>
<tr><td colspan="4">集装箱号</td><td colspan="12">随附单据</td><td colspan="4">生产厂家</td></tr>
<tr><td colspan="20">标记唛码及备注</td></tr>
</table>

（续表）

项号	商品编码	商品名称、规格型号	数量及单位	最终目的国（地区）	单价	总价	币制	征免

税费征收情况	
录入员　　录入单位　　兹声明以上申报无讹并承担法律责任	海关审单批注及放行日期（签章） 审单　　审价
报关员	征税　　统计
单位地址　　申报单位（签章）	查验　　放行
邮编　　电话　　填制日期	

申报应注意的问题：报关时限是指货物运到口岸后，法律规定发货人或其代理人向海关报关的时间限制。出口货物的报关时限为装货的24小时以前。不需要征税费、查验的货物，自接受申报起1日内办结通关手续。

（二）查验

查验是指海关在接受报关单位的申报后，将已经审核的申报单位作为依据，通过对出口货物进行实际的核查，以确定其报关单证申报的内容是否与实际进出口的货物相符的一种监管方式。

（1）通过核对实际货物与报关单证来验证申报环节所申报的内容与查证的单、货是否一致，通过实际的查验发现申报审单环节所不能发现的有无瞒报、伪报和申报不实等问题。

（2）通过查验可以验证申报审单环节提出的疑点，为征税、统计和后续管理提供可靠的监管依据。海关查验货物后，均要填写一份验货记录。

（三）征税

根据《海关法》的有关规定，进出口的货物除国家另有规定外，均应征收关税。关税由海关依照海关进出口税则征收。需要征税费的货物，自接受申报1日内开出税单，并于缴核税单2小时内办结通关手续。

（四）放行

（1）对于一般出口货物，在发货人或其代理人如实向海关申报，并如数缴纳应缴税款和有关规费后，海关在出口装货单上盖“海关放行章”，出口货物的发货人凭以装船起运出境。

（2）出口货物的退关：申请退关货物，发货人应当在退关之日起3日内向海关申报退关，经海关核准后方能将货物运出海关监管场所。

（3）签发出口退税报关单：海关放行后，在浅黄色的出口退税专用报关单上加盖“验讫章”和已向税务机关备案的海关审核出口退税负责人的签章，退还报关单位。

关键练习

根据所给情景模拟该票货物报关手续办理流程。

知识拓展

核收多式联运费用

多式联运费用主要包括运费、杂费、中转费和服务费。

1. 运费

货物联运运费包括5种运输形式的运费，按货物通过的运输工具和按照国家或各省、市、自治区物价部门规定的运价计费运算。联运服务公司向货主核收的运费包括以下几方面。

（1）发运地区内的短途运输费用（接收费）。

（2）由发运联运服务公司至到达联运服务公司之间的全程运费。

（3）到达地区内的短途运输费用（送达费）。

2. 杂费

多式联运杂费包括装卸费、换装包干费、货物港务费和货物保管费。

3. 中转费

中转费主要包括装卸费、仓储费、接驳费（或市内汽车短途转运费）和包装整理费等。

4. 服务费

（1）服务费是指联运企业在办理运输业务时支付的劳务费用。一般采取定额包干的形式。按不同的运输方式和不同的取送方式，规定不同费率。

（2）服务费的组成一般包括业务费和管理费：业务费是指用于铁路、水路、公路各个流转环节所发生的劳务费用；管理费是指从事联运业务人员的工资、固定资产折旧和行政管理费等方面的支出。

任务13－3 国际多式联运相关单证分析

本任务涉及工作岗位	主对接工作岗位	★ 多式联运经营人、单证员
	参与工作岗位	★ 集装箱堆场经营人、船方业务员
岗位工作关系	紧前工序	集装箱交接
	平行工序	签发单证
	紧后工序	货物交付
岗位工作职责	1. 制备货物出运前的基本报关文件； 2. 提供出口合同、发票等商检所需资料； 3. 最迟在开船后两天内，将提单确认内容传真给船运公司； 4. 督促船公司尽快出提单样板及运费账单； 5. 及时支付运杂费，付款后通知船公司及时取得提单等运费文件； 6. 准备客户清关文件； 7. 收集运价变动、船期、航线等信息，为业务员报价提供帮助	

（续表）

学习目标	知识目标	1. 了解国际海运船舶营运的方式； 2. 了解国际海洋运输提单的作用和种类； 3. 了解出口货物海运流程
	能力目标	1. 能够正确办理海运部分的发运工作； 2. 能够模拟填写海运单证
	素养目标	1. 养成面对单调、繁杂的工作时所需的严谨、认真、细致的工作态度； 2. 养成自主学习的习惯，培养及时发现问题、独立处理问题的能力； 3. 具有较强的职业责任感和吃苦耐劳的精神； 4. 具有较好的文字和语言表达能力、人际沟通能力及团队协作能力

任务描述

2015 年 6 月 27 日，山西太原双喜轮胎工业股份有限公司运送两单型号为 DR930 的特种车辆轮胎，目的地为阿根廷的布宜诺斯艾利斯，收货人为里奥内尔・梅西先生。

根据所给信息完成以下活动。

活动一：充当多式联运经营人填制货物出口货运单证。

活动二：完成出口货物海运流程。

课前准备

课前利用教学资源库、教材、网络或到图书馆、书店，查阅有关海运单证的作用和流转程序，了解班轮和租船的货运形式。

任务实施

活动一：充当多式联运经营人填制货物出口货运单证

知识链接

一、集装箱货物出口货运单证

（一）订舱单

订舱单（booking note，B/N）是指船公司或其他承运人在接受发货人（或托运人）的订舱时，根据发货人的口头或书面申请货物托运的情况用以安排集装箱货物运输而制作的单证。该单证一经承运人确认，便作为承托双方订舱的凭证。

订舱单的主要内容如下。

（1）货名、件数、包装式样、标志、重量、尺码。

（2）目的港。

（3）装运期限。

（4）结汇期限。

(5) 能否分批运输、转船运输等。

订舱单上填写的装运条件必须与信用证条件一致。

(二) 装货单

装货单(shipping order,S/O)既是货物办理托运的凭证,又是通知船上接受承运货物装船的凭证。在货物装船后,由理货人员根据理货计数单核对,然后在装货单上签注实际装船数量、装载位置和装货日期。

(三) 装货清单

装货清单(loading list,L/L)是指由承运人或其代理人,根据本航次所托运的货物,按先后到港次序把性质接近的货物加以归类后制成一张装货单的汇总清单。

(四) 提单

提单是指(bill of lading,B/L)(见表13-2)承运人在接管货物或把货物装船之后签发给托运人,证明双方已订立运输合同,并保证在目的港按照提单所载明的条件交付货物的一种凭证。而集装箱运输下的货运提单则是以场站收据换取的,是一张收货待运提单。在大多数情况下,船公司根据发货人的要求,在提单上填注具体的装船日期和船名后,该收货待运提单也便具有了装船提单同样的性质和作用。

为此,现行的集装箱提单中都有正面条款,说明货物在使用集装箱运输下所签发的提单的性质和作用。该条款由"确认条款、承诺条款、签署条款"组成。

表13-2 BILL OF LADING 提单

<table>
<tr><td colspan="4">1) SHIPPER 托运人</td><td colspan="2" rowspan="6">10) B/L NO.
COSCO
中国远洋运输(集团)总公司
CHINA OCEAN SHIPPING(GROUP)CO.
ORIGINAL
COMBINED TRANSPORT BILL OF LADING</td></tr>
<tr><td colspan="4">2) CONSIGNEE 收货人</td></tr>
<tr><td colspan="4">3) NOTIFY PARTY 通知人</td></tr>
<tr><td colspan="2">4) PLACE OF RECEIPT 收货地</td><td colspan="2">5) OCEAN VESSEL 船名</td></tr>
<tr><td colspan="2">6) VOYAGE NO. 船名 航次</td><td colspan="2">7) PORT OF LOADING 装运港</td></tr>
<tr><td colspan="2">8) PORT OF DISCHARGE 卸货港</td><td colspan="2">9) PLACE OF DELIVERY 目的港</td></tr>
<tr><td colspan="6">11) MARKS 唛头 12) NOS. &KINDS OF PKGS 包装与件数 13) DESCRIPTION OF GOODS 商品名称 14) G. W. (kg) 15) MEAS(m³) 毛重和体积</td></tr>
<tr><td colspan="6"></td></tr>
<tr><td colspan="6">16) TOTAL NUMBER OF CONTAINERS OR PACKAGES(IN WORDS)总件数</td></tr>
<tr><td>FREIGHT & CHARGES
运费支付</td><td>REVENUE TONS
计费吨数</td><td>RATE
价格</td><td>PER</td><td>PREPAID
预付</td><td>COLLECT
到付</td></tr>
<tr><td>PREPAID AT 预付</td><td colspan="2">PAYABLE AT 应付</td><td colspan="3">17) PLACE AND DATE OF ISSUE
签发地点与日期</td></tr>
<tr><td>TOTAL PREPAID
总额预付</td><td colspan="2">18) NUMBER OF ORIGINAL B(S)L
正本提单份数</td><td colspan="3"></td></tr>
<tr><td colspan="3">LOADING ON BOARD THE VESSEL
19) DATE</td><td colspan="3">20) BY</td></tr>
</table>

二、国际海洋运输提单

海洋运输提单（marine/ocean bill of lading）或港至港运输提单（port to port B/L），简称海运提单，是证明海洋运输合同的货物由承运人接管或装船以及承运人保证凭以交货的单据。

（一）提单的作用

1. 货物收据

提单是承运人发给托运人的收据，确认承运人已收到提单所列货物并已装船，或者承运人已接管了货物，已代装船。

2. 运输契约证明

提单是托运人与承运人的运输契约证明。承运人之所以为托运人承运有关货物，是因为承运人和托运人之间存在一定的权利义务关系。双方权利义务关系以提单作为运输契约的凭证。

3. 货权凭证

提单是货物所有权的凭证。谁持有提单，谁就有权要求承运人交付货物，并且享有占有和处理货物的权利，这是因为提单代表了其所载明的货物。

（二）提单的种类

1. 根据提单收货人的抬头分类

（1）记名提单（straight B/L）。记名提单又称收货人抬头提单，是指提单上的“收货人”栏内已具体填写收货人名称的提单。提单所记载的货物只能由提单上特定的收货人提取，或者说承运人在卸货港只能把货物交给提单上所指定的收货人。如果承运人将货物交给提单指定的以外的人，即使该人占有提单，承运人也应负责。这种提单失去了代表货物可转让流通的便利，但同时也可以避免在转让过程中可能带来的风险。

使用记名提单，如果货物的交付不涉及贸易合同下的义务，则可不通过银行而由托运人将其邮寄给收货人，或由船长随船带交。这样，提单就可以及时送达收货人，而不致延误。因此，记名提单一般只适用于运输展览品或贵重物品，特别是在短途运输中使用较有优势，而在国际贸易中较少使用。

（2）指示提单（order B/L）。指示提单是指在提单正面“收货人”栏内填写“凭指示”（to order）或“凭某人指示”（order of...）字样的提单。按照表示指示人的方法不同，指示提单可分为托运人指示提单、记名指示人提单和选择指示人提单。在“收货人”栏内只填记“指示”字样的提单称为托运人指示提单。这种提单在托运人未指定收货人或受让人之前，货物所有权仍属于卖方。在跟单信用证支付方式下，托运人就是以议付银行或收货人为受让人，通过转让提单而取得议付货款的。在“收货人”栏内填记“某某指示”字样的提单称为记名指示提单。在“收货人”栏内填记“某某或指示”字样的提单称为选择指示人提单。记名指示提单或选择指示人提单中指名的“某某”既可以是银行的名称，也可以是托运人。

指示提单是一种可转让提单。由于提单的持有人可以通过背书的方式把它转让给第三者，而无须经过承运人的认可，因此这种提单为买方所欢迎。而不记名指示（托运人指示）提单与记名指示提单不同，它没有经提单指定的人背书才能转让的限制，所以其流通性更大。指示提单在国际海运业务中使用较广泛。

（3）不记名提单（bearer B/L，or open B/L，or blank B/L）。不记名提单又称“来人抬头提单”，是指“收货人”栏内不指明任何收货人，只写明货交“提单持有人”（bearer）字样，或者不填写任何人的名称的提单。这种提单不需要任何背书手续即可转让。谁持有提单，谁就可以提货，承运人交付货物只凭单，不凭人。这种提单丢失或被窃，风险极大，如果转入善意的第三者手中时，极易引起纠纷，因此国际上较少使用。另外，根据有些班轮公会的规定，凡使用不记名提单，在给大副的提单副本中必须注明卸货港通知人的名称和地址。

2. 根据货物是否已装船分类

(1) 已装船提单(shipped B/L 或 on board B/L)。已装船提单是指货物装船后由承运人或其授权代理人根据大副收据签发给托运人的提单。如果承运人签发了已装船提单,就是确认他已将货物装在了船上。这种提单除载明一般事项外,通常还必须注明装载货物的船舶名称和装船日期,即是提单项下货物的装船日期。

由于已装船提单对于收货人及时收到货物有保障,因此在国际货物买卖合同中一般都要求卖方提供已装船提单。

(2) 收货待运提单(received for shipment B/L)。收货待运提单又称备运提单或待装提单,简称待运提单。它是承运人在收到托运人交来的货物但还没有装船时,应托运人的要求而签发的提单。签发这种提单时,说明承运人确认货物已交由其保管并存在了其所控制的仓库或场地,但还未装船。因此,这种提单未载明所装船名和装船时间。在跟单信用证支付方式下,银行一般都不肯接受这种提单。但当货物装船,承运人在这种提单上加注装运船名和装船日期并签字盖章后,待运提单即成为已装船提单。同样,托运人也可以用待运提单向承运人换取已装船提单。

3. 根据提单上有无批注分类

(1) 清洁提单(clean B/L)。在装船时,货物外表状况良好,承运人在签发提单时,未在提单上加注任何有关货物残损、包装不良、件数、重量和体积,或其他妨碍结汇的批注的提单称为清洁提单。

使用清洁提单在国际贸易实践中非常重要,买方要想收到完好无损的货物,首先必须要求卖方在装船时保持货物外观良好,并要求卖方提供清洁提单。根据国际商会《跟单信用证统一惯例》UCP600 第二十七条规定,清洁运输单据是指货运单据上并无明显地声明货物及/或包装有缺陷的附加条文或批注的运输单据。银行对有该类附加条文或批注的运输单据,除信用证明确规定接受外,当拒绝接受。可见,在以跟单信用证为付款方式的贸易中,通常卖方只有向银行提交清洁提单才能取得货款。清洁提单是收货人转让提单时必须具备的条件,同时也是履行货物买卖合同规定的交货义务的必要条件。

(2) 不清洁提单(unclean B/L 或 foul B/L)。在货物装船时,承运人若发现货物包装不牢、破残、渗漏、玷污、标志不清等现象时,大副将在收货单上对此加以批注,并将此批注转移到提单上,这种提单称为不清洁提单。《中华人民共和国海商法》第七十五条规定:"承运人或者代其签发提单的人,知道或者有合理的根据怀疑提单记载的货物品名、标志、包数或者件数、重量或者体积与实际接收的货物不符,在签发已装船提单的情况下怀疑与已装船的货物不符,或者没有适当的方法核对提单记载的,可以在提单上批注,说明不符之处、怀疑的根据或者说明无法核对。"

4. 根据运输方式的不同分类

(1) 直达提单(direct B/L)。直达提单,又称直运提单,是指货物从装货港装船后,中途不经转船,直接运至目的港卸船交与收货人的提单。直达提单上不得有"转船"或"在某港转船"的批注。凡信用证规定不准转船者,必须使用这种直达提单。如果提单背面条款印有承运人有权转船的"自由转船"条款者,则不影响该提单成为直达提单的性质。

使用直达提单,货物由同一船舶直运目的港,对买方来说比中途转船有利得多。它既可以节省费用、减少风险,又可以节省时间、及早到货。因此,通常买方只有在无直达船时才同意转船。在贸易实务中,如信用证规定不准转船,则买方必须取得直达提单才能结汇。

(2) 转船提单(transhipment B/L)。转船提单是指由承运人签发的货物从起运港装载的船舶不直接驶往目的港,需要在中途港口换装其他船舶转运至目的港卸货的提单。提单上注明"转运”或在“某某港转船”字样的，转船提单往往由第一程船的承运人签发。由于货物中途转船，增加了转船费用和风险，并影响到货时间，因此一般信用证内均规定不允许转船，但直达船少或没有直达船的港口，买方也只好同意可以转船。

按照海牙规则，如果船舶不能直达货物目的港，非中转不可，一定要事先征得托运人的同意。船舶承运转船货物主要是为了扩大营业、获取运费。转运的货物一般均属零星杂货。如果是大宗货物，托运人可以租船直航目的港，也就不会发生转船问题。

(3) 联运提单(through B/L)。联运提单是指货物运输需经两段或两段以上的运输方式来完成，如海陆、海空或海海等联合运输所使用的提单。船船(海海)联运在航运界也称为转运，包括海船将货物送到一个港口后再由驳船从港口经内河运往内河目的港。

联运的范围超过了海洋运输界限，货物由船舶运送经水域运到一个港口，再经其他运输工具将货物送至目的港，先海运后陆运或空运，或者先空运、陆运后海运。当船舶承运由陆路或飞机运来的货物继续运至目的港时，货方一般选择使用船方所签发的联运提单。

(4) 多式联运提单(multimodal transport B/L 或 intermodal transport B/L)。这种提单主要用于集装箱运输。多式联运提单是指一批货物需要经过两种以上不同运输方式，其中一种是海洋运输方式，由一个承运人负责全程运输，负责将货物从接收地运至目的地交付收货人，并收取全程运费所签发的提单。提单内的项目不仅包括起运港和目的港，而且列明一程、二程等运输路线，以及收货地和交货地。

关键练习

通过分组讨论的形式分享课前学习的收获、课内学习的心得，掌握提单的分类方法和各自的应用情况。

活动二：完成出口货物海运流程

知识链接

出口货物流程主要包括报价、订货、选择付款方式、备货、包装、办理通关手续、装船、办理运输保险、签发提单和结汇。

(一) 报价

在国际贸易中一般是由产品的询价、报价作为贸易的开始。其中，对于出口产品的报价主要包括产品的质量等级、产品的规格型号、产品是否有特殊包装要求、所购产品量的多少、交货期的要求、产品的运输方式、产品的材质等内容。

比较常用的报价有 FOB(船上交货)、CNF(成本加运费)、CIF(成本、保险费加运费)等形式。

(二) 订货(签约)

贸易双方就报价达成意向后，买方企业正式订货并就一些相关事项与卖方企业进行协商，双方协商认可后，需要签订购货合同。在签订购货合同过程中，主要对商品名称、规格型号、数量、价格、包装、产地、装运期、付款条件、结算方式、索赔、仲裁等内容进行商谈，并将商谈后达成的协议写入购货合同。这标志着出口业务的正式开始。通常情况下，签订购货合同一式两份，由双方盖本公司公章生效，双方各保存一份。

(三) 选择付款方式

比较常用的国际付款方式有3种，即信用证付款方式、TT付款方式和直接付款方式。

1. 信用证付款方式

信用证分为光票信用证和跟单信用证两类。附有指定单据的信用证称为跟单信用证,不附任何单据的信用证称为光票信用证。简单地说,信用证是保证出口商收回货款的保证文件。请注意,出口货物的装运期限应在信用证的有效期限内进行,信用证交单期限必须在不迟于信用证的有效日期内提交。

国际贸易中以信用证为付款方式的居多,信用证的开证日期应当明确、清楚、完整。中国的几家国有商业银行,如中国银行、中国建设银行、中国农业银行、中国工商银行等,都能够对外开立信用证(这几家主要银行的开证手续费都是开证金额的0.15%)。

2. TT付款方式

TT(telegraphic transfer,电汇),是指汇款人将一定款项交存汇款银行,汇款银行通过电报或电传给目的地的分行或代理行(汇入行),指示汇入行向收款人支付一定金额的一种汇款方式。

3. 直接付款方式

直接付款方式是指买卖双方直接交货付款。

(四) 备货

备货在整个贸易流程中,起着举足轻重的重要作用,须按照合同逐一落实。备货的主要核对内容如下。

(1) 货物品质、规格应按合同的要求核实。

(2) 货物数量应满足合同或信用证对数量的要求。

(3) 备货时间应根据信用证规定,结合船期安排,以利于船货衔接。

(五) 包装

可以根据货物的不同来选择包装形式(如纸箱、木箱、编织袋等)。不同的包装形式其包装要求也有所不同。

(1) 一般出口包装标准:根据贸易出口通用的标准进行包装。

(2) 特殊出口包装标准:根据客户的特殊要求进行出口货物包装。

(3) 货物的包装和唛头(运输标志):应进行认真检查核实,使之符合信用证的规定。

(六) 办理通关手续

通关手续极为繁琐又极其重要,如不能顺利通关则无法完成交易。

(1) 属法定检验的出口商品须办出口商品检验证书。目前,我国进出口商品检验工作主要有4个环节。

(2) 须由专业持有报关证人员,持箱单、发票、报关委托书、出口结汇核销单、出口货物合同副本、出口商品检验证书等文本去海关办理通关手续(详见任务13-2)。

(七) 装船

在货物装船过程中,可以根据货物的多少来决定装船方式,并根据购货合同所定的险种来进行投保。可选择整装集装箱和拼装集装箱。

(八) 办理运输保险

通常双方在签订购货合同中已事先约定运输保险的相关事项。常见的保险有海洋运输货物保险、陆空邮货运输保险等。其中,海洋运输货物保险条款所承保的险别,分为基本险别和附加险别两类(详见任务13-1)。

(九) 签发提单

提单是出口商办理完出口通关手续、海关放行后,由外运公司签出,供进口商提货、结汇所用单据。

所签提单根据信用证所提要求份数签发，一般是3份。出口商留两份，办理退税等业务，一份寄给进口商用来办理提货等手续。进行海运货物时，进口商必须持正本提单、箱单、发票（须由出口商寄给进口商）来提取货物。

（十）结汇

出口货物装出之后，进出口公司即应按照信用证的规定，正确缮制（箱单、发票、提单、出口产地证明、出口结汇）等单据。在信用证规定的交单有效期内，递交银行办理议付结汇手续。

除采用信用证结汇外，其他付款的汇款方式一般有电汇、票汇（demand draft，D/D）和信汇（mail transfer，M/T）等方式。由于电子化的高速发展，现在汇款主要使用电汇方式。在我国，企业出口享有出口退税优惠政策。

想一想

您是否购买过进口商品？试总结货物的进口海运流程。

关键练习

按照任务描述中给出的情景模拟该票货物的出口流程。

知识拓展

装船通知

货物装船后，多式联运经营人应及时向国外代理人和买方发出装船通知，以便对方准备付款、赎单、办理进口报关和接货手续。装运通知的内容一般有订单或合同号、信用证号、货物名称、数量、总值、唛头、装运口岸、装运日期、船名及预计开航日期等。

货物交付

当货物运至目的地后，由目的地代理通知收货人提货。按多式联运合同规定，多式联运经营人或其代理人将货物交多式联运单据指明的收货人或按指示交指定的收货人，即告完成全程运输任务。收货人凭多式联运提单提货，多式联运经营人或其代理人按合同规定收取收货人应付的全部费用，收回多式联运提单，签发提货单，提货人凭提货单到指定堆场和地点提取货物。如果是整箱提货，则收货人要负责至拆箱地点的运输，并在货物取出后将集装箱运回指定的堆场，运输合同终止。

考核评价

一、自我评价

1. 自我考核

（1）描述国际多式联运险种和责任范围。

（2）描述国际多式联运出口报关的基本程序。

（3）辨析常用的提单。

2. 学生自评

学生自评，详见表13－4，40分。

表 13-4 学生自评

序 号	评价内容(每项 10 分)	得 分	亮 点
1	课前知识查阅、调研作业完成情况		
2	课前、课中与人沟通、协作表现		
3	课程重点知识掌握情况		
4	课前、课中学习、工作态度表现		

二、小组(同学)评价

小组(同学)评价,详见表 13-5,30 分。

表 13-5 小组(同学)评价

序 号	评价内容(每项 10 分)	得 分	亮 点
1	课中学习、工作态度表现		
2	课中与人沟通、协作表现		
3	课程重点知识掌握情况		

三、教师评价

教师评价,详见表 13-6,30 分。

表 13-6 教师评价

序 号	评价内容(每项 10 分)	得 分	亮 点
1	课前知识查阅、调研作业效果		
2	课中参与、协作情况		
3	掌握知识、技能效果		

参考文献

[1] 韩军峰. 物流运输实务[M]. 北京:北京邮电大学出版社,2008.
[2] 王海兰. 运输管理实务[M]. 上海:上海财经大学出版社,2012.
[3] 付丽茹,解进强. 运输管理实务[M]. 北京:中国水利水电出版社,2011.
[4] 王国文. 运输作业实务[M]. 北京:科学出版社,2008.
[5] 王风刚. 运输管理实务[M]. 北京:中国物资出版社,2012.
[6] 夏秀艳,廖毅芳. 运输管理实务[M]. 广州:广东经济出版社,2008.
[7] 鲁广斌. 国际货运代理实务与集装箱运输业务[M]. 北京:清华大学出版社,2010.
[8] 关善勇. 特种货物运输管理[M]. 北京:人民交通出版社,2008.
[9] 戴实. 铁路货运组织[M]. 北京:中国铁道出版社. 2008.
[10] 陈昊平. 货物运输操作[M]. 北京:北京理工大学出版社,2010.
[11] 杨国荣. 运输管理实务[M]. 北京:北京理工大学出版社,2010.
[12] 彭秀兰. 道路运输管理实务[M]. 北京:机械工业出版社,2010.
[13] 吴吉明. 物流运输管理实务[M]. 北京:北京理工大学出版社,2011.
[14] 杨茅甄. 集装箱运输实务[M]. 北京:高等教育出版社,2010.
[15] 孙瑛,韩杨,刘娜. 物流运输管理实务[M]. 北京:清华大学出版社,2011.
[16] 管志杰. 国际货物运输[M]. 大连:大连理工大学出版社,2011.

反侵权盗版声明

举报电话：(010)88254396；(010)88258888
传　　真：(010)88254397
E-mail　：dbqq@phei.com.cn
通信地址：北京市万寿路173信箱
　　　　　电子工业出版社总编办公室
邮　　编：100036

尊敬的老师：

您好。

请您认真、完整地填写以下表格的内容（务必填写每一项），索取相关图书的教学资源。

教学资源索取表

书　名				作 者 名	
姓　名		所在学校			
职　称		职　　务		讲授课程	
联系方式	电话：		E-mail：		
地址（含邮编）					
贵校已购本教材的数量（本）					
所需教学资源					
系/院主任姓名					

系/院主任：____________________（签字）

（系/院办公室公章）

20____年____月____日

注意：

① 本配套教学资源仅向购买了相关教材的学校老师免费提供。

② 请任课老师认真填写以上信息，并**请系/院加盖公章**，然后传真到（010）80115555 转 718438 索取配套教学资源。也可将加盖公章的文件扫描后，发送到 fservice@126.com 索取教学资源。还可以加入电子社教学增值共享群（QQ：427695338）即时获取教学资源及其他增值服务。

微信号：fservice126

中国工信出版集团　電子工業出版社 PUBLISHING HOUSE OF ELECTRONICS INDUSTRY http://www.phei.com.cn